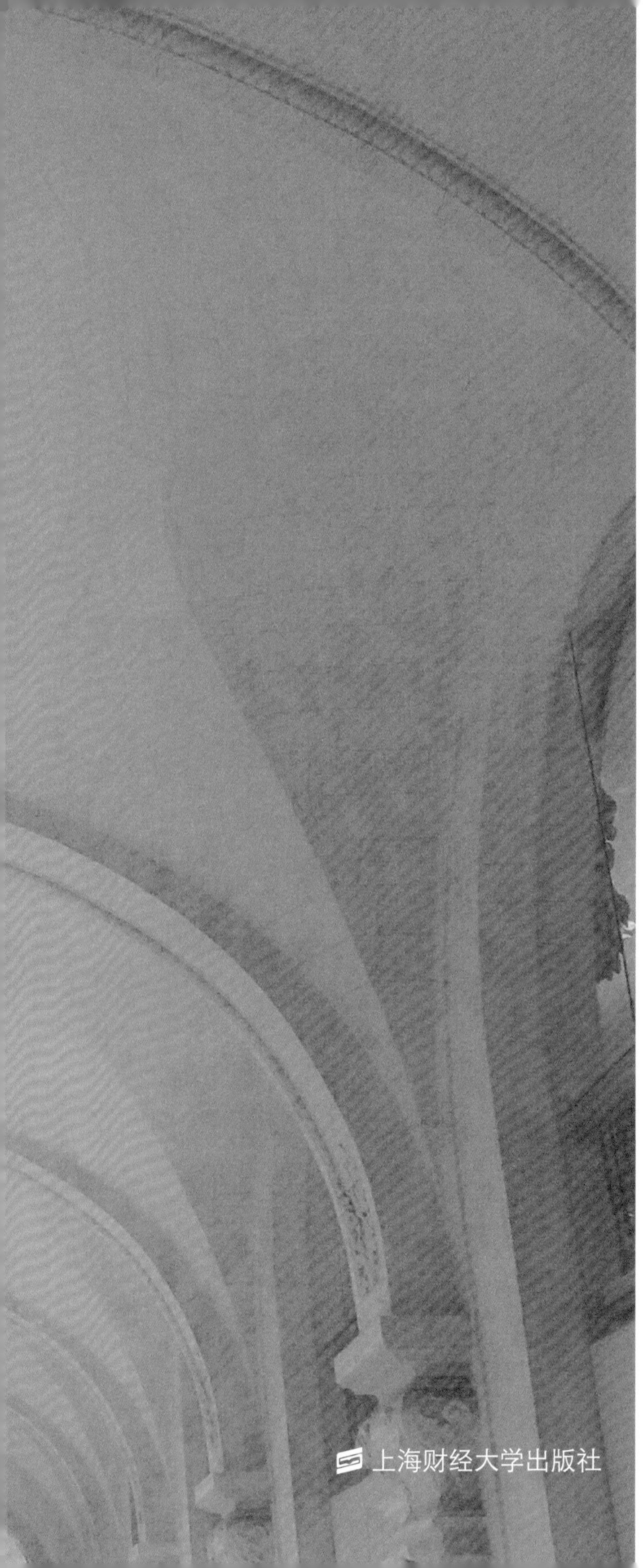

浪漫巴黎

博物馆掇英

张志雄 著

上海财经大学出版社

图书在版编目（CIP）数据

浪漫巴黎. 博物馆掇英 / 张志雄著. —上海：上海财经大学出版社，2023.4
（志雄走读）
ISBN 978-7-5642-4133-9 / F・4133

Ⅰ.① 浪… Ⅱ.① 张… Ⅲ.① 游记-巴黎
Ⅳ.① K956.59

中国国家版本馆CIP数据核字（2023）第034665号

特约编辑 / 周　艳
责任编辑 / 台啸天
整体设计 / [法] Valerie Barrelet

浪漫巴黎
博物馆掇英
著 作 者 / 张志雄

出版发行 / 上海财经大学出版社有限公司
地　　址 / 上海市中山北一路369号（邮编200083）
网　　址 / http://www.sufep.com
电子邮箱 / webmaster@sufep.com

经　　销 / 全国新华书店
印刷装订 / 上海颛辉印刷厂有限公司
版　　次 / 2023年4月第1版
印　　次 / 2023年4月第1次印刷
开　　本 / 787mm×1092mm　1 / 16
印　　张 / 17.5
字　　数 / 206千字

定　　价 / 108.00元

总序

用生命去走读

1

我1966年出生于上海，很早就开始认字，外公在小方块纸上写着毛笔字，教我念。

我儿子好像也有早识字的天赋，可他比我幸运，在他很小的时候，我就买了很多书给他，而我当年却无书可读。

那时候我只有几本连环画可看，有《看云识天气》《台风》等，还有我哥哥姐姐的教科书：《农业基础知识》《工业基础知识》和《历史》。我当时很渴望看书，饥不择食，《农业基础知识》或《工业基础知识》这些我不感兴趣的图书也看。1974 年开始“批林批孔”，特别是对孔子的批判，使我了解了一些中国古代的故事，受益匪浅。

我就是这样成长起来的，所以一直以来对文字都很渴望。

1976年以后中国发生了巨大的变化，书的品种逐渐多了起来，但想要看书还是很难，记得那时候连数理化丛书都不好买。如《安娜·卡列尼娜》《子夜》和《家》等文学经典，更是难买。那时的上海新华书店外经常排着长队，有钱也买不到书。我那时刚10岁，很想看书，哥哥比我大4岁，比较机灵，买了一些书，但他不给我看，认为我会把书弄脏。

1976年之前，我跟着哥哥姐姐看了点借阅的书，譬如《敌后武工队》和《青春之歌》。但一般来说，这些书只有一天或一天半的时间可供我们阅览，等轮到我看的时候，已经没剩多少时间，我只能掐头去尾地阅读。《青春之歌》里传递的女主角林道静与共产党员江华恋爱的感觉，朦朦胧胧，让小小年纪的我非常激动。

1976年后，我想尽办法自己去找书。在我家附近的复兴中路和嘉善路路口有一家小新华书店，店里有两个女店员，我记得一个胖胖的，一个瘦瘦的。胖胖的那个与我一个叫“大头”的同学关系很好。我那时瘦瘦的，不善言谈又不会讨好人，每天跑到小书店，可怜巴巴地望着那些书，不会讲话，就在那儿看着。店里没什么书，那些文学名著都是藏着掖着的紧俏商品，不过她们私下会有一两本。

当时的我就像一条渴望骨头的小狗，每天中午午休和下午放学的时候，跑到柜台前，眼巴巴地看着那个年纪不大、瘦瘦的女店员。终于有一天，她给了我一本书，我非常激动地把钱递给她，这是我买的第一本名著。遗憾的是，我记不清书名了，应该不是很好看，但给我的印象很深刻，我总算拿到了一块“骨头”。

那时我读文学名著，其实没怎么看懂。我最喜欢的还是《小朋友》这本杂志。《小朋友》只在南京西路的邮局有售，这地方离我家很远，对一个小孩子来说，走过去蛮辛苦的。因为是月刊，《小朋友》并不太准时，印象中只会在一个月的某个时间段里出现，我们经常要去三次才能买到一本《小朋友》，如果错过了就没有了。所以每个月有几天，我们每天中午或下午跑过去，虽然要走很长很长的路，但是很激动，每一次都充满了期待。

我从小看书，有丰富的想象力。我很喜欢在小伙伴面前讲故事，这些故事后来都写在《儿时的弄堂》里。1992年，我已经在上海证券交易所工作，那时股市很红火，为遵守职业操守，我不做股票，没事就写《儿时的弄堂》，书中还写了一些恐怖故事。因为小时候没有什么书可看，就听大人们讲鬼怪故事，然后我就发挥想象力，自编故事。小时候我总是渴望，有一种东西能够填充我的想象。

2

我小学五年级毕业时，上海第一次实行重点中学制度。我被上海第五十一中学（现在的位育中学）录取，我自由的放养式学习阶段就此结束，开始以升学为主要任务的应试教育，不能看闲书了。给我印象非常深的是仅有一次看闲书的机会，我当时迷上了福尔摩斯侦探小说，在学校图书馆里连续看了一两个月，导致我的平面几何成绩急剧下降，期中考试只勉强及格。后来我不敢再看闲书，期末考试就满分了。

此后，我的初中和高中就在应试教育中度过，除了教科书，没怎么看其他书。

1984年，我进入大学，第一学年半学期过去后，来了一位叫刘健的老师。他毕业于上海交通大学马列主义哲学专业，是我们的哲学老师。他比较赏识我，我和另一个同学就好似他的弟子一般跟着他。刘健老师是一个蛮有趣的人，买了很多有意思的书，他把一套《读书》杂志送给了我。

记得1984年冬天，我将那套《读书》（从创刊到最新的）带回家，除了吃饭睡觉外一直在看书，也不出去玩，天天待在阁楼里，整整看了一个月。看完以后，从阁楼下来，回到大学，遇到刘健老师，我眼睛发亮，对他说我变了。两年后，刘健老师离开学校，临走之前他把书全都留给了我。他觉得读书没用，但是我把他的书全看完了，从此就走上了读书的“不归路”。

这些书大致构成了20世纪80年代的时代背景，一个读书理想主义的时代，但并不是每个大学生都在读书，只能说有相当一部分人在读书，读书的范围和数量其实是很大的。

虽然我学的是理工科，但我立志要报考文科研究生。当时文学批评专业是最热门的，有点类似后来的经济学。20世纪80年代的文学相当繁荣，文学批评融合了各种社科知识，很有思想性。所以，1988年我报考了上海师范大学文学系的研究生，但很遗憾最终未被录取。

大学四年中我一直疯狂地读书，使我受益良多，涉猎的内容不仅有人类学、社会学、政治学、心理学、历史学和哲学等学科，而且有各国不同时代的文学作品。那时候，我读书经常是囫囵吞枣，不是每一本都精读，但视野是开阔的。

今天回头看，这种读书方式对我很有帮助。因为年轻，即便乱读、瞎读也没关系。那时候的我每天读书到了何种程度呢？大学毕业后我被分配到工厂成为一名车间工艺员，在工厂待了三年，没好好工作，每天都在看书。

即使当时年轻，也会看得头疼，怎么办呢？没事我就跑到复旦大学里跟人家辩论，因为那里有刘健老师的同学在做老师。

后来我可以在一天里同时读四五本不同类型的书，只要是可读的都读。除了刘健老师留下的很多书，还有我自己买的。那个时候，我系统地读了美国经典的现代小说。

天天读书，读了太多太多的书，人变得有些神经质。

有一些经典著作，类似《战争与和平》那种很厚的书，我一卷一卷地读。我一直说，在年轻的时候通读文学，那种对情感的撕扯和令人癫狂的状态至今仍有感触。那时也有些书不敢读，比如尼采的书。今天回想起来，厉害的文学作品都特别好看，尤其是拉丁美洲的文学作品，让我如痴如醉。

有一次，我见到一位当时著名的文学评论家，向他请教时列举了很多书。他很感慨地说："你读的书比我读的还多。"

我是把书当作生命去读。当你把书当作生命去读的时候，你仿佛在浴火重生，全部的身心都会沉醉其中。

不过，当时也出版了许多翻译得极差的书。20世纪80年代的美学翻译差到什么程度？一本书里的字都认识，但没有一句话看得懂，我就是在这乱七八糟的翻译文字中渴求着知识。

3

我就这样如痴如醉地一直读到1991年，然后开始训练自己的写作。1991年我进入上海证券交易所工作的缘由很有意思。我当时想做一名文学青年，抱着文学编辑的梦想，而《上海证券报》那时根本没有文学副刊，完全是我误信了传言。后来我办了副刊“窗外”，还有了些名气。当时办副刊是主编特许的，其实他不太喜欢，他说我把副刊办得风花雪月，而证券类报刊最重要的办刊宗旨是引导股民理性投资和开拓市场。

我开始写市场评论和报道，工作之余写了《儿时的弄堂》，还写了本长篇小说《大头娃娃》。现在我很后悔在2000年的时候把《大头娃娃》毁掉了，因为当时自己极度不自信。如果这本书留下来的话，现在看会非常有意思。

就像我在《五十自述》里谈到的，我开始进入功利性的写作阶段，即便如此，1998年我还是写了本文化评论的书——《串烤韦小宝》。读书也在读功利的书。1995年“寻求证券大智慧大讨论”中，我写了很多评论。这些评论展现了我的文化功底，当时很多朋友和证监会的领导都说我是北大历史系毕业的，但我不是，我是理科生。

实际上这是一种消耗，对我真正的读书生活来说是很大的消耗。到20世纪90年代末，我觉得自己实际上已经消耗了太多的时间和精力。

4

2002年，我创立《价值》杂志，开始为公司的生存而奋斗。我看了很多投资类书籍，写了大量价值投资的文章。直到2006年，牛市来了，公司终于存活下来。这时，我只想做一件事情，就是读书。我想读很多很多书，我主编了六十多卷的《投资者文摘》，准确地说，书名中不应该有“投资者”，就是《文摘》。

我把好书里的精彩内容摘录下来，边读边选，《投资者文摘》里的文章都是我精心挑选的。20世纪80年代我读了很多书，唯独没读经济学的书，直到90年代我才恶补经济学和投资知识。但我认为经济学和投资学真的是枯燥无味，它不能影响我的精神世界，所以，在2006年我开始做《投资者文摘》。这是我开始疯狂读书的另一个阶段。

那个时期对我来说是一段很快乐的日子，我很希望牛市再多延长些时间。遗憾的是，2007年10月牛市结束，2008年市场开始进入熊市，离场的读者不再看《投资者文摘》了。

大约在2009年的一天，我坐在家里的花园赏花喝茶，突然之间感到万分失落。在43岁的年龄，我还想再做点事，做些什么呢？想写点东西，把脑海中思考的东西写成一本书；想出去走走，孩子也大了，可以出去玩了，第一个想去的地方就是英国。

于是，我跟另外一家人一起去了英国，回来以后写成《寻路英国》。我对英国的制度做了分析、思考，还写到商业与教育，这本书我个人很得意，蛮有意思的。

接着我又完成了《来去美国》（两卷），也不是完全写美国，还写了我们这一代人的感受。有的人在中国，有的人去了美国等世界各地，大家有缘汇聚到一起，一起交流。流失在美国的中国艺术品，是我感兴趣的内容，琢磨后写下来，也算是一种交流方式，一种文化的碰撞。

之后我开始写第三本书《去以色列读那本书》。因为信仰的关系，我认真思考这本书，花费了很多精力，看了很多这方面的书籍。这本书我写得很满意，后来给专家审过，一些相关宗教人士也都看过，他们都觉得没问题，我挺骄傲的。

接下来是《安达卢西亚的雨巷》，有抒情的风格。一开始以很严谨的方式写了《寻路英国》《来去美国》和《去以色列读那本书》，然后写《安达卢西亚的雨巷》，每一本书的风格与形式都不一样，和我的乐趣有关，我不想有统一的模式。写商业旅游类书籍应该是统一的模式，但我没什么兴趣，因为我自认为这些不仅仅是旅游书。

后来的《趣味新西兰》和《北欧彩虹》也都是觉得有内容才写的。北欧之行是和我儿子的同学及家长一起去的。这本书写得很快，完成后给北欧的朋友和大使馆的朋友看，他们都觉得很不错。

我还写了两本关于日本的文化游记《秘色日本》和《京都味道》。两次旅行分别由日本的两位朋友高田和奥田带领我们游玩，高田带我们游玩的是东京及一处山地，奥田则带我们逛京都。让当地人带我们走他们的家乡之路，很感性、很亲切。

5

我真正想将“志雄走读”系列做大，是从“意大利看画”系列开始的。我连续去了三次意大利，包括后面写的《爱在阿西西》《冬日西西里》和《激情那不勒斯》，都属于对意大利文化的观察和记录。

40岁之前，我记忆力极佳，不用做记录就知道某些内容在哪本书的什么地方。40岁之后，深感记忆力明显下降，有时会分不清梦境与现实。自那时起，我知道能拯救我的只有写作。我想通过这种强化来刺激自己，让大脑有所变化。那就读读写写吧。

去意大利看画真的很快乐，到各个地方与角落看壁画、看展品，感觉自己像考古学家或艺术史家。儿子一直跟着我去世界各地看画，我曾对儿子说，如果你到美国上大学，学艺术史专业，一些老师可能都未必有你看的原作多。

看了那么多幅画，去了那么多博物馆，这种经历不是人人都有的。看了那么多画之后，我的眼光发生了变化。

接着又写了“瑰丽中欧”系列（四卷），我的旅行路线是慕尼黑、柏林、德累斯顿、维也纳、布拉格和布达佩斯。慕尼黑的博物馆让人看得很过瘾；柏林博物馆岛上的各个博物馆展品都数量庞大，质量绝佳；德累斯顿收藏宝物的绿穹珍宝馆最为精彩，我们的审美有些透支了；在维也纳待了五天还是觉得不够，被这座艺术之都所吸引；在布拉格，尤其是布达佩斯，我们确实陷入了审美疲劳。

低地国家是我一直想去的地方。2017年夏天，我们去了荷兰和比利时，回来就完成了《阿姆斯特丹之光》和《比利时大城》。描写荷兰“小桥流水”般的景致和比利时布鲁日的舒缓秀美，要比写德奥文化轻松多了，除了对它们的艺术作品很感兴趣，我还描绘了尼德兰文化的昌盛。当然，我也探讨了荷兰当年的资本主义文化，它的开创性不亚于英国。

6

再到巴黎各个博物馆看画，是2018年初的冬天，因为我只能利用儿子的假期去走读，夏天的欧美各个地方都很好，但冬天就不一样了。欧洲的冬天很寒冷，即便偏南的西西里岛也不是很适合旅行。我之所以选择在冬天去巴黎，是决定在室内的博物馆和教堂度过大部分时间。后来，我们还跟随法国女设计师漫游了巴黎的街道，那年巴黎遇到了很罕见的冬天，经常下雪，雪景中的巴黎让我们很快乐，回来后我完成了“浪漫巴黎”系列。

这时候我看画的感觉也产生了很大的变化。据说持续不断地学习，大脑的机能自然会发生变化，我的眼光也发生了变化，变得很不一样。当你看了几万幅画的真迹后，眼光自然就变了。这种自信来自你的经历，来自你的投入。每当参观完博物馆回到上海后，我还要看照片、选图，在反反复复的鉴赏中形成这种信心。我认为对艺术的鉴赏，并不是说你学了艺术史专业就能成为鉴赏家。

我后来到墨西哥看壁画，当看到著名画家迭戈·里维拉（Diego Rivera）的壁画时，我觉得他一定受到了意大利文艺复兴时期几位大艺术家的影响，其中一位对他的影响特别深。后来我查阅里维拉的有关传记和评论，果然如此。

因为这些形象就在我的脑海里，画里人物的神情、形态立刻浮现出来，所以我一看就知道里维拉是从意大利艺术中汲取的灵感。看到这些画就仿佛看到了人物的各种情境、构图，那种精神、笔墨、颜色很难表达，不是从书本上能读出来的，也不是听某人讲就知道的。这种自信来自大量看画的经验积累。

我觉得走读是一场顽强的读书与游历，也是我40岁以后能重新回到二十多岁年轻人的状态的原因，我确实是用生命在走读。

用生命去做事、去走读，其实也和人的个性相关。我想，绝大部分人不会用生命去做事情。什么叫用生命呢？实际上就是消耗，最后精疲力竭，因为这才能融入你的生命中。你可以说这是一种浪漫的说法，也可以说这是一种夸张的说法，但实际上是存在的，它类似于宗教般的体验。

我通过这种方式走读，一直持续到“浪漫巴黎”系列，可以称为“艺术之旅”。

虽然我以后还会写些艺术品的鉴赏，但不会再有这样的规模了。

7

后来在瑞士，我感觉自己是山水之子，格调是抒情梦幻的。走读瑞士的书名是《一个自游人的瑞士33天》，完全是精神上的漫游。

在《墨西哥谜局》里，有两条主线，其中一条是对中美洲古文明的摸索。我过去对中美洲古文明的认知是，阿兹特克帝国是野蛮的，喜欢人祭；玛雅人是智慧的，天文学和数学极为发达。

可当我真正去了以后，发现中美洲古文明更为复杂。得益于多年的走读经验，让我抓住了其中的一些精髓。例如，几乎所有墨西哥当地导游和相关书籍都津津乐道于中美洲文明的两种年历，他们有一种特别的52年周期，即每52年就要除旧布新，在原有的金字塔上再盖一座新的金字塔，这样就会出现“俄罗斯套娃”般的叠床架屋。

我开始深信不疑，后来仔细看了多处遗址，发现金字塔的“套娃”现象并不像传闻的那么准确。我找到的唯一一本考古学专业书籍也发出了同样的疑问，让我感到欣慰。

还有一条主线是中美洲古文明经常提到的现象——中美洲人经常弃空城而去。这有许多解释，以出现旱灾和疫病的说法多见。我凭自己对文明的一些研究和理解，还是觉得这与他们自己的社会失序有关吧。

我写完《墨西哥谜局》后有种冲动，想再写一部小说，展示一下自己的想象力，比如羽蛇神的驱逐与归来，球场比赛究竟是输家还是赢家献祭？

8

每写一部“志雄走读”系列的作品，心中都充满了激动与好奇。完成《墨西哥谜局》两个月后的2019年夏天，我又先后前往苏格兰高地与英格兰乡村，并著有《苏格兰高地之魂》与《英格兰乡村漫步》。我每次还没有去目的地的时候，就开始进入状态，感觉太好了。我的人生常常就处于这种状态，准备出行之前，与目的地的种种时空交流，令我非常开心。走读的喜悦还未开始，就感觉已经拥有了，不是很好吗？

2019年10月初，我走读日本，出版了《在北海道发现日本》；同年圣诞节期间，我又去了埃及并写下《蓝色尼罗河》；2020年春节，我又前往柬埔寨，《柬埔寨双子星》问世。正当我计划5月去韩国，7月去爱尔兰之际，新冠疫情来袭，我只能在家读书，养浩然之气至今。

记得1991年的时候自己很穷，还大量抽烟，好烟买不起，好书也买不起。当然，一般的书还是买得起的。我印象非常深刻的一件事是，那时候想买一本香港三联书店出版的沈从文《中国服饰史》，一本很厚、装帧很漂亮的书，价格在1000元人民币左右。当时，我和女朋友几次去上海淮海路的书店都望而却步。终于有一天，我们两人一起把这本书捧了回来，我们捧着书无比激动。那种感受，现在再也不会有了。

沈从文是我很喜欢的作家。我记得《中国服饰史》刚买回来的那天，半夜就把它拿出来放在书桌上慢慢看，感觉人生进入天堂般的甜美。阅读给我带来无与伦比的享受，这么多年来一直伴随着我。

大学毕业后我在工厂工作时很辛苦、很压抑，躲到阁楼上去看书，读《日瓦戈医生》。印象中，小说主人公得了心脏病，非常难受，一种快死的感觉，小说的情节我已经忘了，可我记得那种生命的拯救。

我曾在“志雄走读”读书会群里遇到两个生活在俄罗斯的中国人，一个是大学生，另一个是国企的外派人员，半夜和我聊俄罗斯。那个大学生问我什么时候去俄罗斯，我说我为了走读俄罗斯准备了30年。

我很喜欢俄罗斯文学，记得在工厂的三年间读了不少这类作品，譬如托尔斯泰的《战争与和平》。他的伟大之处就是擅长描写日常生活中的美好，描写在战争阴影下各种人物的幸福感、善良本性及悲欢离合。

《战争与和平》也是托尔斯泰构建的一种史观，有两条线。一条线是拿破仑侵略俄国，俄国人民是如何战胜他的；另一条线就是当地人民的生活情境，两条线都写得非常好。他真的是超一流作家，在我心中比欧洲的其他文学家都要伟大。

还有陀思妥耶夫斯基。如果托尔斯泰代表俄国文学的太阳神阿波罗精神，陀思妥耶夫斯基就是古希腊酒神精神，是俄国文学的另一面。

陀思妥耶夫斯基展示的其实是一种斯拉夫精神，和托尔斯泰的理性完全不同，但他也触及人的灵魂深处，让人无法抗拒，甚至战栗，产生阅读的共鸣。《罪与罚》中的大学生、赌徒、凶手、妓女的爱情，别人写这些，肯定非常滑稽，而到了陀思妥耶夫斯基这里，就是神来之笔。

9

总的来说，写作是需要不断训练的过程，从模仿开始，接着试图自由表达，把很多事详写出来。而且写作需要坚持，我现在不敢停止写作几个月，我知道停了就真的停了，因为写作也是一种耐力与磨炼的积累。写作和读书不一样，读书可以躺着读，可以轻松地读，写作必须在桌前坐下并认真对待。

用电脑写作是一场革命，这么多文字，若是在以前用手写我肯定得崩溃。当初《寻路英国》和《来去美国》都是手写的，很慢；到了《去以色列读那本书》，我开始用电脑写作，最初很不顺手，但后来越来越快。

即便如此，像我这种消耗方式也是有问题的，比如一个月内完成十万多字的《沸腾香港》，这种速度，才思如泉涌。今天，我写“志雄走读”系列已将近十年，写得我有点累了。

10

走读给我带来太多的东西，一谈，我就很来劲。

最后想说的是，这是一个有些功利的时代，欧美历史上也经历过，看起来活力十足，充满商机，但也很麻烦。

我在大学里学过一个名为“负反馈”的重要概念。如果没有负反馈，只有正反馈，系统就会崩溃。我觉得现在社会上的很多人都生活在正反馈当中。

我读卡夫卡的小说，谈到我们的生活可能是场骗局。我为此想了很多年，觉得生活未必完全是场骗局，看你怎么活了。但如果不注意，还真可能是一场骗局。

我一直在提醒自己，在佩服投资大师巴菲特之余，对他的赚钱术不能过分迷恋。当金钱化运动走得很远时，整个社会也许很有活力，但个人可能会成为历史车轮下的一块石头，被压过去。

我时时刻刻提醒自己为什么行走读书，我们拼命赚钱，自以为很成功，却没想过我赚了钱干什么。我这样拼命劳碌，天天为了钱而奔波，为赚到钱而乐呵呵，却忘了我们的生命在流逝。到最后，我们得到了什么？这不是深刻的哲学。

这也是我经常走入世界各个不同地方的原因。在今天，我们仍然生活在不同的世界里，不要以为现在是全球化，事实上地球非常不平坦。

我们出发，努力体会其他地区人们的生活。我们要记住，幸福的人是不说话的，开心的人是不说话的，比你有智慧的人也不会说。你得意忘形的时候，认为自己很有钱、很开心，你是否知道别人比你更幸福、更开心、更有智慧呢？

也许人家的幸福只是不说而已，人家只是在旁边笑笑而已。我们不要这么得意，不要自我感觉特别好。所以我经常跑出去，东看西看，左看右看，我要体验世界别样的生活。

我们也许无法移居到称心如意的地方，但我们可以通过不断地走读满足自己的一部分心愿。

张志雄

2023年1月修订

于浦东御翠园

自序

因为要带正在学校读书的儿子走读，我每次只能在冬天与夏天离开家门。夏天是欧洲美好的时光，冬天就未必了。

我在夏天与春天都去过巴黎，有一天忽然想到可以利用冬天好好逛逛巴黎的博物馆与大教堂，于是有了一次冬季巴黎博物馆美术馆与教堂之旅。这本《浪漫巴黎——博物馆掇英》只是其中的一部分，其他散见另外四本“浪漫巴黎”系列。

卢浮宫只收藏古巴比伦和南亚伊斯兰艺术的亚洲藏品，其他亚洲藏品在巴黎的吉美国立亚洲艺术博物馆。

我在印度、柬埔寨、尼泊尔、日本、韩国看过他们各自国家的藏品，可它们一起集中在吉美博物馆，还是挺有意思的。英国伦敦的大英博物馆与美国纽约大都会博物馆的亚洲展厅也相当不错，可除非你多次去，否则会因走马观花而忽略，因为其他地区的展品太壮观了。

在我的印象中，除了柬埔寨的国家博物馆外，也就吉美博物馆的吴哥艺术最为精彩。至于中国艺术品，我最爱的馆藏品是多姿多彩的彩陶。

我对欧洲中世纪情有独钟。人们一般总是认为15世纪开始的文艺复兴才是欧洲文明的现代开端，可我觉得欧洲从11世纪开始就已经从古罗马帝国的崩溃中完全复苏，呈现不同凡响的现代性。

于是我在欧洲各地寻找中世纪复兴的线索，巴黎的中世纪博物馆果然让我刮目相看。

在世界各大博物馆中，纽约大都会博物馆的展示方式最优，它不是将一件件展品单独陈列出来，而是将它们组合成当时的生活样貌。

卢浮宫旁的装饰艺术博物馆也有此特色。巴黎装饰艺术博物馆的现代部分也极为出色，例如新艺术运动的家居设计让我流连忘返。类似的展示在奥赛博物馆也有，可没有装饰艺术博物馆那么能铺展开来。

巴黎的几家私人宅邸博物馆当然没有各大国立博物馆藏品那么高级丰富，可它们呈现了具体的家居样貌，也值得一看。

我在“浪漫巴黎”的另一本书《浪漫巴黎——从枫丹白露，到哥特式大教堂》中介绍了康纳克杰博物馆，这座博物馆体现了巴黎玛黑老宅的贵族气派。

本书内的雅克马尔－安德烈博物馆的宅邸规模更为宏大，藏品也更为顶级。

巴黎蒙梭公园附近的尼辛·德·卡蒙多博物馆也是超级大宅，这些博物馆原有的主人命运是我重点关注的。

巴黎有不少以某位艺术家作品为主要展品的博物馆，例如我在本书中介绍的毕加索美术馆，《浪漫巴黎——奥赛与橘园》中的玛摩丹－莫奈美术馆和罗丹博物馆，以及《浪漫巴黎——七探卢浮宫》中的德拉克洛瓦美术馆。

我早知道19世纪象征主义画家莫罗的作品，在奥赛博物馆也看到了他的几幅真迹，但犹豫是否去巴黎的莫罗美术馆。最后决定还是去一次。

结果这是我看到的最好的个人艺术作品美术馆。美术馆不大，一幢三层楼房，是莫罗的生前住宅，却拥有大量的艺术家作品，让我目不暇接。

莫罗可谓生不逢时，他所处的是印象派时代，他的画风逆时代潮流而动，他一直坚持自己的画风。他注定不会像莫奈、雷诺阿、德加等巴黎印象画派那么受人追捧，他生前和死后都只被一些真正热爱艺术的人理解接受。

我自觉与莫罗有几分相似，这是我的巴黎冬季艺术之旅的最大收获。

张志雄

2023年3月

目录 CONTENTS

第一章

吉美博物馆

巴黎的亚洲艺术藏品不在卢浮宫，而是在吉美国立亚洲艺术博物馆。它位于巴黎市中心西部、16 区的莱娜广场，外部豪华而古典。吉美是博物馆的创始人，也是里昂的工业家。吉美说他想建立“一座展现亚洲主要文明的博物馆，一座可以交流、思考、活生生的博物馆”。吉美去世后，博物馆又接受了其他收藏家与考古专家的亚洲藏品。

I

巴黎的亚洲艺术藏品不在卢浮宫，而是在吉美国立亚洲艺术博物馆（Musée national des arts asiatiques-Guimet）。它位于巴黎市中心西部、16区的莱娜广场。

吉美博物馆外部豪华而古典，这是巴黎博物馆常见的建筑风格。吉美（1836—1918年）是博物馆的创始人，也是里昂的工业家。虽然工作繁忙，但他还是抽出空去埃及、希腊、日本、中国和印度等地旅行，并搜集了一系列重要收藏。吉美说他想建立“一座展现亚洲主要文明的博物馆，一座可以交流、思考、活生生的博物馆”。吉美去世后，博物馆又接受了其他收藏家与考古专家的亚洲藏品。

从1945年起，法兰西国家的藏品进行了一次大调整，吉美博物馆将馆内部分藏品转到卢浮宫，同时接收了卢浮宫亚洲部门的所有藏品。

吉美博物馆

曾是纽约大都会艺术博物馆馆长的蒙特贝罗的解释是：“尽管卢浮宫出自曾诞生了《百科全书》的法国，原先却非博物馆，它和美国大多数的主流博物馆（不是专业类的）也不尽相同。卢浮宫博物馆大概建于启蒙时代，当时正在对地中海/欧洲文化的‘发展’展开寻根之旅，最远上溯至希腊罗马时代，这场运动以新古典主义画家大卫以及和他同期的名家为代表。由于沿用了之前的标准，因此卢浮宫博物馆初建时遗漏了重要的藏品，比如中世纪艺术。直到浪漫主义运动兴起，传统的标准才进行了些许调整，其中的东亚艺术不过是只言片语，根本无法与主流藏品相比。”①

这是好事，正如我前面所说的那样，现在的卢浮宫太大了，馆方根本无法面面俱到，应该分拆。如果亚洲艺术品也在卢浮宫，它们不可能像现在的吉美博物馆那么脍炙人口吧。

Ⅱ

2001年，吉美博物馆完成了一系列的大修工程后，跻身欧洲主要的亚洲文明宝库之列。建筑师以及保护团队首先将工作目标放在大楼的照明上，并为占地面积达5500平方米的永久展馆构建开放性的视角。开阔的空间使参观者能够更好地理解各种亚洲艺术传统的关联和差异，并确保参观者能拥有安静、开阔、愉快的观览体验。超过4000件作品陈列在永久陈列室中，这些作品按地理区域摆放，并遵循年代顺序进行布展。

空间明亮确实是吉美博物馆的一大特色，尤其是对比卢浮宫晦暗不明的照明系统，它就更为突出了。

吉美博物馆没有南亚的伊斯兰艺术（卢浮宫这块的收藏也是比较初步的），它主要有两大板块：一个是印度和印度化世界，另一个是中国化世界。

Ⅲ

我们首先进入的是高棉厅，它存有的高棉和前高棉时期的艺术品是除柬埔寨以外最丰富的。柬埔寨曾是法国的殖民地，正如蒙特贝罗所评论的那样："这里展示的藏品确实能让人联想到征服时的强取豪夺。看看这些雕

① [美] 菲利普·德·蒙特贝罗、[英] 马丁·盖福特：《艺术的对话》，马洁译，上海人民美术出版社2016年版，第205页。

吉美博物馆高棉厅

像，每只脚都被砍掉了，他们原本属于吴哥窟及其附近的庙宇，从19世纪晚期到20世纪初，被人从那里或砍或劈下来掳走……对殖民时期的柬埔寨的劫掠成就了这批藏品。有些荒谬的是，柬埔寨文明因此成为人们研究的对象。如今，我们沉溺于过往的罪行无法自拔，可也别忘了学术和学科领域因此大受裨益。尽管今天它们被视为最有价值的传家宝，又被判定为国家'财产'，而曾几何时，它们在自己的祖国无人能识，或者无足轻重。"①

下面的介绍主要来自吉美博物馆的执行馆长皮埃尔·巴普蒂斯特。

现代历史学家将高棉帝国落户吴哥城（现为柬埔寨暹粒省）前的数个世纪称为前吴哥时期。自公元伊始到8世纪晚期，前吴哥时期存在已逾8个世纪，在此期间受到印度文化的感染，这些国家都被称为"高棉国"，覆盖区域从湄公河三角洲延伸到现代的老挝南部，自安南山脉绵延到扁担山脉。

由于石碑和圣殿门边墙上的梵语铭文最早不会超过6世纪，而古代高棉铭文都出现在7世纪时，因此中国的编年史料中关于两国使者交流的记载为我们提供了公元早期柬埔寨的历史，尽管只有只言片语。

自公元2世纪到7世纪左右，有一个王国统辖了柬埔寨南部以及现代越南地区，中国的编年史料将这个国家称为"扶南"。扶南沿海而坐，通过湄公河三角洲地区（今越南南部）高度繁荣的海洋贸易攫取财富。印度钱币、中国雕塑以及罗马奖章均在湄公河三角洲有迹可循。在各种因素的交错影响下，印度化的触角也在不断延伸，吉美博物馆中部分展品（木制佛像、达山寺塑像）无疑能反映出这一演变过程。此外，印度美学承袭自笈多王朝和继任王朝的黄金时代（5—6世纪），因此这些展品也能反映出当地人是如何将印度美学本地化的。

---

① [美] 菲利普·德·蒙特贝罗、[英] 马丁·盖福特：《艺术的对话》，马洁译，上海人民美术出版社2016年版，第205－206页。

吉美博物馆高棉厅

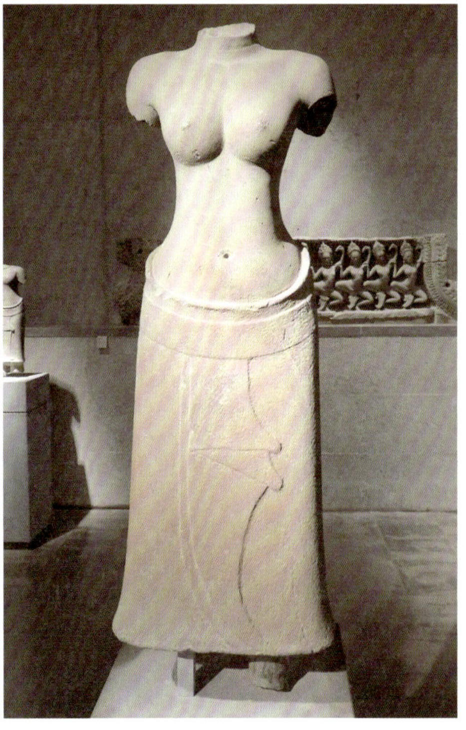

吉美博物馆高棉厅

自6世纪中期开始，中国文献开始提及另一个王国——“真腊”。真腊位于北部，似乎取代了它的邻国。7世纪时，三坡波雷古迹（Sambor Prei Kuk）上曾建有一座巨大的王城，但这里并非统一王朝的中心地带。这一时期涌现的不少艺术流派表明，吴哥前时期的柬埔寨地区仍分为数个独立的公国。高棉展馆第一区段表明高棉各地区（现柬埔寨版图内）均支持佛教，而且非常喜欢印度教雕塑。

Ⅳ

国王阇耶跋摩二世（JayavarmanⅡ，约790—830年？）的出现标志着柬埔寨地区进入吴哥时期。这位转轮王被人们称为高棉的“万王之王”，得到林伽相（即男性生殖器）主神湿婆（Shiva）的庇护。阇耶跋摩二世的驻地位于荔枝山，俯瞰着未来的吴哥平原，他与继任者共同为本地区宗教的崛起奠定了基础。当时的塑像以充满力量的僧侣的形象出现，见证了高棉历史上的主要事件，柯凯寺楣板以及两座毗湿奴塑像均出自这一地区。

因陀罗跋摩一世（IndravarmanⅠ，877—886年在位）是一位伟大的君主，他凭借一系列的建设工程强化了吴哥王权，这些建设成为所有高棉统治者工作的重要组成部分。877年，用以灌溉王都的巴雷湖开挖；879年，王室寺庙神牛寺落成；881年，“山寺”【巴孔寺（Bakong）】建于都城中心，内供一座护国林伽。

后来，耶输跋摩（Yashovarman，889年—10世纪早期）建立了吴哥城，吴哥即“城”之意。吴哥城以自然山坡——巴肯山为中心，开挖大型巴雷湖（即将来的东湖）的目的是作为新都灌溉之用，四周环绕着18公里长的湖堤；山寺建于巴肯山巅，俯瞰吴哥平原，而其他婆罗门神殿均分布于四周的山上。比如，人们在布寺中发掘出一些杰作，其中包括曾供奉于塔形神殿中的湿婆、梵天和毗湿奴三尊头像，这些藏品现藏于吉美博物馆高棉厅。

公元928到945年间，吴哥城遭到废弃，都城搬迁到首府贡开城。这座城市是新国王阇耶跋摩四世（Jayavarman Ⅳ，928—941年在位）的要塞，城中伫立着一些塔形神殿，殿中有不少栩栩如生的塑像（如《跳舞的提毗女神》）。罗贞陀罗跋摩（Rajendravarman，944—967年在位）即位初决定将高棉王国还都吴哥，他建立新寺庙，包括东梅奔寺和比粒寺。女王宫由私人兴建，艺术形式精美而富于创新，吉美博物馆中粉色砂岩的三角楣饰非常精美，正是其中的代表作之一。

《跳舞的提毗女神》，柬埔寨，10世纪中前期，吉美博物馆藏

V

11世纪吴哥最重大的事件莫过于无休止的权力斗争，而有时权力斗争会使整个国家陷入战争之中。值此多事之秋，苏耶跋摩一世（Suryavarman Ⅰ，1002—最晚到1050年在位）以及优陀耶迭多跋摩二世（Udayadityavarman Ⅱ，1050—1066年在位）两位国王进入了我们的视野。苏耶跋摩一世在王国边境兴建了宏伟的圣殿（奇梳山寺、柏威夏寺），优陀耶迭多跋摩二世在西湖

《女神像》，柬埔寨，
12 世纪中后期，吉美博物馆藏

《国王阇耶跋摩七世肖像》，柬埔寨，
12 世纪晚期—13 世纪早期，
吉美博物馆藏

（东西长8千米，南北宽逾2千米）修建了堤坝，此外他可能还在王城中心建造了宏伟的巴方寺。在此期间，“大乘佛教”在非官方场合下又有了新受众（索洛克山寺的佛塔以及巴戎寺佛像）。

12世纪伊始，苏耶跋摩二世（Suryavarman Ⅱ，1113—最早1145年）成功地将柬埔寨全境纳入其统辖之下，苏耶跋摩二世凭借其巧妙的征服手段扩大了高棉王国的疆域，其疆域包括部分越南、老挝以及现今泰国。吴哥窟正是出自苏耶跋摩二世的手笔。作为一座山寺，吴哥窟堪称艺术的巅峰之作，《女神像》便是有力的证明之一。女神完美的面庞流露出傲慢和些许冷漠，似乎和这座举世闻名的山寺墙面上装饰的数以百计的女神像一模一样。权力斗争和占领区的暴动使柬埔寨在这一时期罹遭灭亡，新的统治者是一名佛教徒，他将侵略者逐出国境，并将国家恢复原貌。阇耶跋摩七世（Jayavarman Ⅶ，1181—1218年？）的统治与早期的大乘佛教关系密切，他在柬埔寨的历史中留下了不可磨灭的印记，《国王阇耶跋摩七世肖像》

说明了这一点。作为一位转轮王，他在吴哥地区兴建了大量的宗教建筑（巴戎山寺、塔布茏寺、圣剑寺、斑蒂喀黛寺、涅槃宫等），并且在帝国的边境建造了不少建筑（班迭奇马寺庙、柏威夏圣剑寺等）。飘缈超凡的神祇闭着双眼，露出和蔼的笑容，极具感染力。

高棉厅最前端的杰作《巨人堤道》就出自这一时期的吴哥圣剑寺，从一条巨蛇庞大的躯体上冒出七个蛇头，每个头上都长着冠，并饰以羽毛。这条巨蛇傲然挺立，比人还高，被一群奴仆虔诚地捧在手中。

它自19世纪70年代就留在了法国，当时人们发现了几乎被森林淹没的吴

《巨人堤道》，柬埔寨，12 世纪晚期—13 世纪早期，吉美博物馆藏

哥窟庙宇群，这尊石雕是第一批被挖掘的文物之一。

13世纪的柬埔寨国力衰落，而西面的邻国泰人却与之相反。泰人很快就主宰了这片土地，形成了后来的暹罗。泰人甚至还对柬埔寨本身产生了影响。1431年，柬埔寨的统治者放弃了吴哥城，小乘佛教取代了过去的宗教，梵语以及古柬埔寨地区的某些传统式微，其艺术风格受到了泰国的影响。

艺术家盖福特对高棉厅的观感是："眼前的这些10世纪贡开风格的梵天确实是被砍下来的，结果不仅使其脱离了原有的建筑设计，更丧失了原有的社会含义。在吉美博物馆，它们以一种冷静的、极简抽象的方式陈列，被各自安放在一个基座上，每个基座间留出一定的空间，供观者静观，虽然效果不错，却远没有它们在高棉寺庙中那样绚烂多彩。"①

吉美博物馆收藏有暹罗、老挝和缅甸的艺术品，种类丰富多样，不过这只是管中窥豹而已。展馆按照一定的比例收藏了这些国家的艺术品，展品在欧洲地区绝无仅有，收集了艺术史上重要时期的代表性杰作。尽管作品各有不同，但是它们均和小乘佛教的传统息息相关。

暹罗中部各个王朝均存有精美的青铜塑像，它们是泰式艺术的精髓：素可泰王朝（Sukhothai，13世纪中期—15世纪中期）的审美观念较为复杂，比较接近抽象艺术（如《伏魔佛》）。大城王朝（Ayutthaya，14世纪—1767年）则将奢华的宫廷艺术和神性结合在一起，艺术风格既庄严又精妙（如《佛头》）。

缅甸的木饰大佛像则展现了缅甸艺术极盛时期的独创性。

① [美] 菲利普·德·蒙特贝罗、[英] 马丁·盖福特：《艺术的对话》，马洁译，上海人民美术出版社2016年版，第208页。

《伏魔佛》，泰国，
16 世纪下半叶，吉美博物馆藏

《佛头》，泰国，
15 或 16 世纪，吉美博物馆藏

Ⅵ

笈多时期（公元4—6世纪）是印度古典主义美术的黄金时期。法兰西科学院院士勒内·格鲁塞，曾经的吉美博物馆馆长就在《东方的文明》中指出印度美学思想正是在这一时期诞生。“笈多朝艺术摆脱了在犍驮罗已退化成为俗套的希腊古典主义后，又产生了一种新的古典主义，这是一种富有生命的艺术，因为它乃是由其自身的环境所决定。笈多派艺术的造像惯例是以印度服装、亚热带的环境的认识及对印度人体本身的了解为基础，它去掉了过去透明薄纱般的披衣，此后披衣好像湿贴在身上的透明衣纹——几乎可以说如一种涟漪；之后，此种波纹也不复见，只是限制地用些横切的长线条来表示。”[①]

① [法] 勒内·格鲁塞：《东方的文明》，常任侠、袁音译，商务印书馆2017年版，第287页。

《佛身》就是一例，高雅纯洁、讲究平衡以及比例和谐。

这尊无头佛像来自印度北方邦的马图拉，约公元5世纪上半叶或中叶，用粉砂岩雕刻而成。

蒙特贝罗站在它的面前感叹道：“我喜欢宁静安详的雕塑，或者就如这尊雕像，由于行动受到了抑制而纹丝不动，完全处于静止状态。

“我被这尊笈多王朝时期的雕像所打动还有一个原因，它向我展示了一种文化艺术品所具备的外观品质与世界上另一种文化中体现的品质竟然可以不谋而合。例如，法国奥弗涅的罗马式雕塑，其衣服的褶皱处也有类似的重复图案，这种图案反复出现具有普遍性，因为作品的模特很大程度上代表了整个人类，不管大家是否曾经有过交往，模特就是人，代表了人的本质。这些重复出现的线条在一些地方代表沙丘中的纹理，另一些地方则表示大海的波浪，它们和几何形状一样如影随形，很多文化将这些重复的褶皱图案视为一种风格。

《佛身》，北印度，
5世纪上半叶或中叶，吉美博物馆藏

“自打我在20世纪60年代第一次见到起就从来没被它们的残缺所困扰，甚至从来不会因为其右臂断了或者它的头脱落了、曼荼罗也有一半不见了而踌躇不前。借用西塞罗的名言：‘啊，时代呀！啊，风尚呀！’当时这种残缺就是自然之美，为我所接受，并视其为理所当然。”①

Ⅶ

在吉美博物馆的官方指南中，印度展品是由馆长阿米娜·塔哈·侯赛因－奥卡达介绍的，他认为中世纪印度艺术是关于女性身体的赞歌。

自中世纪开始，印度的建筑艺术逐渐兴起，次大陆地区自北向南建造了不少婆罗门寺庙，雕塑演变为建筑的核心。印度辉煌时期，北方、中部和南方印度大寺庙的装饰作品中均有壁雕的身影，婆罗门神庙中僧侣神像、小而引人入胜的女神像以及天女像均以高浮雕方式刻制而成，他们在平静的背景下摆出性感而优雅的姿势。为了能够按照宗教标准呈现出女性之美，人们强调了雕塑的美貌以及肉体的优雅姿态。森林女神和其他树神不断出现在婆罗门神庙的墙上，人们按照自己的偏好将她们雕刻在古代和中世纪时期的雕塑纹案上。女神是寺庙的保护神，她目光专注，为人们送上祝福。在数个世纪内，印度文明比其他文明更注重赞颂女性的身体之美，女

《树神》，印度中央邦或拉贾斯坦邦，10—11 世纪，吉美博物馆藏

① [美] 菲利普·德·蒙特贝罗、[英] 马丁·盖福特：《艺术的对话》，马洁译，上海人民美术出版社2016年版，第211页。

性丰满和性感的身体中蕴含着不朽的观念以及丰产的收获。继史前原教旨之后，女性的形象逐渐从原始的具有象征意义的母神桎梏中挣脱出来，生气勃勃的女性形象的性感身体蕴含的能量和力量体现了三道弯式的审美原则。三道弯式的姿态凸显了女性自然的优雅之态以及身体之美，不仅展现出内在活力，还显得生气勃勃（如《女神》）。女神扭动着身体和肩膀，连臀部和腿部也随着头部起舞，雕塑本身也呈现出流畅柔和的动感。三道弯式代表具有可塑性的至臻美学姿态，为中世纪的印度雕塑家提供了创作灵感，他们也因此创作出一系列美不胜收的雕塑。

《女神》，印度拉贾斯坦邦，约 973 年，吉美博物馆藏

所谓三道弯式，是指头向右倾侧，胸部则转向左方。由于印度人偏好臀部向旁边扭动的姿势，两腿遂又转向右方。

格鲁塞说：“在此后的10个世纪内，它都受到一种节奏美感的鼓舞，将来任何生硬粗暴的东西都不会生存于其中了。那塑像的四肢轮廓软软的，形成不可名状的温柔线条，遂产生一种混成、柔韧、朴素而和谐的艺术，因为其中不允许有次要的细节妨碍这种造型，尘世的美在此作为最高精神的直接表现。所以，自此以后，裸像虽大占优势，但没有任何裸像比笈多派的裸像更为纯洁。”①

Ⅷ

在朱罗王朝统治者（9—13世纪）的支持下，用石蜡方式铸造的青铜艺术品创造出一系列极具美感的印度教主神形象。这些佳作是印度艺术的重要表现形式，跳着宇宙之舞的舞王湿婆是朱罗王朝王室艺术的典范之作。泰米尔的青铜工匠完美地诠释了舞王湿婆，他们将节奏感和动感注入湿婆的形象中——湿婆突如其来的暴力和压抑感反映出舞者充满神性的活力之姿——神像在优雅和完美之间达到平衡。

湿婆是印度教三主神中的破坏神：其形象照例有四臂，上边两臂分执手鼓与牝鹿，下边两臂则作施与印与无畏印势；除了两只和常人一样的眼睛外，在前额中间还有第三只眼；唯一的衣服是一块虎皮，颈上围绕着一条活蛇；高高的婆罗门式的发髻上戴着新月、骷髅、梵天的第五个头颅和恒河女神（万克）伽。

湿婆在跳“健舞”时脚下所踩的生灵也许是三层城的阿修罗之一——这城是在诸神与阿修罗长久的斗争过程中被他毁灭的。也许是那被异教僧侣煽动起来反对他的恶毒的侏儒木耶拉伽——他只用脚尖就把这侏儒的脊梁踩断了。

泰米尔人有一首诗描述了湿婆的宇宙性格：“在悠悠千古中，亿万天神都相继寿终，在此期间，多少梵天都将死去，在此以后毗纽天也不复存在，而这时间对湿婆则不及一瞬。当地、水、火、风、空尽归消灭，亿万梵天、

① [法] 勒内·格鲁塞：《东方的文明》，常任侠、袁音译，商务印书馆2017年版，第288页。

《舞王湿婆》，南印度，11 世纪，吉美博物馆藏

亿万毗纽天也尽死亡时，湿婆遂收集起众神的所有头颅，为自己做一瓔珞，戴起来跳着无人能仿效的单足舞，这些骷髅在他的肩上相击作响，他将唱出无人能唱的玄奥之歌，领受无人懂得的欢乐。”①

格鲁塞认为：关于湿婆健舞的起源，我们可以看出这是雅利安以前时代，在德干地区的墓地中，夜间围着凄惨的火葬光焰而跳起的某种半似疯狂的魔神舞，但之后印度人于沉思中明白这种原始的主题有着更深远的意义，此后这神的舞蹈逐渐变成表示宇宙创造、守护和破灭的过程，或印度术语中的所谓五种动作：生、住、灭、转化和解脱。舞蹈的场所乃是整个宇宙间，在美术作品中，即以火焰状的光圈为代表。“我们的大神为一舞蹈者，犹如木中潜热以备燃火，他也以能力布于精神及物体中，使之轮番舞蹈。”R.泰戈尔译过一篇伽比尔的诗，表达着同一观念：“跳舞吧，我的心，今天来欢欣舞蹈吧。恋爱之歌使日夜充满音乐，全世界都谛听着它们的曲调；喜极欲狂，生和死都随乐声起舞；山、海、大地也都在跳舞；于爆发的哄笑和呜咽中，人类齐来跳舞！”②

在看过那样纯洁温和、令人神往的佛教的诗意内容及道德后，这种有着无数“矛盾”形式的印度多神教也许会使我们有一点儿吃惊吧。但在湿婆教的哲学中，它那显而易见的幻想自成条理，并含有与佛教同样崇高或甚至更为丰富的形而上学的意味。

Ⅸ

吉美博物馆堪称世界上纺织品收藏最为丰富的博物馆之一，这些藏品大

①② [法] 勒内·格鲁塞：《东方的文明》，常任侠、袁音译，商务印书馆2017年版，第317－318页，第318页。

《菩萨》，阿富汗，
1—3 世纪，吉美博物馆藏

多出自克里斯娜·里布夫人的私人收藏，她是印度知名医生之女、著名诗人泰戈尔的侄孙辈亲戚。她收藏的纺织品和服装约有4000件，时间跨度从公元5世纪到20世纪，其中印度、日本和中国的纺织品是其核心藏品。

吉美博物馆将尼泊尔和中国西藏地区的艺术品称为“喜马拉雅世界”，今天我们仍然可以在尼泊尔和中国西藏地区看到如此风格的艺术品。

阿富汗的希腊式佛教艺术——犍陀罗也是吉美博物馆值得注意的一部分。

执行馆长皮埃尔·康宝介绍了公元1—3世纪的《菩萨》。雕像的头部光晕环绕，冠带随风飘扬，塑像的衣着具有印度王侯的风格。塑像头巾处赫然刻画着揭路荼大战那伽的场景。雕塑安放在基座上，基座上雕刻的内容有对佛陀钵盂的敬拜之意。雕塑轮廓似王公贵族，双目之间有一抹白毫，唇上还有一抹优雅的八字胡。他搭在髋部的手看起来十分自然，另一只手则摆出了安抚的姿态。这尊菩萨像身上华丽的饰物既有印度风情（婆罗门式的细绳）又包含伊朗元素（耳环形似带翼的狮子），除此之外，雕塑还借鉴了大草原元素（嵌有宝石的锻制首饰），甚至还有地中海风格的影子（头巾前端和胸前项链上的小天使）。装饰佛塔或寺院的浅浮雕再现了黄金传说中的释迦如来，浮雕的创作灵感来源于释迦如来孩提时期到后来宫廷生活、苦行时期的布道经历，以及后来终得涅槃的故事。

我对吉美博物馆内的几座阿富汗的佛塔印象深刻。

佛塔属于优秀的佛教纪念碑建筑（在印度次大陆常用于纪念佛陀），受阿富汗地理位置的影响，希腊文化对当地艺术的影响颇深。方形基座上饰有亚洲风格的柯林斯半露石柱，石柱之间塑有佛陀坐像，有的在沉思，有的正在教导他人。基座上方的穹顶底部装有一连串圆形鼓状物，每一层的装饰类型都一模一样，堪称优雅的纪念碑式的作品。佛塔层层叠高，发展到后来逐渐形成了与中国境内的宝塔一样的建筑模式。公元629年，中国僧人玄奘曾提到过迦腻色伽王曾在沙阿吉基代里建过一座佛塔，这座纪念碑不论是高度还是层级都达到了令人惊讶的程度。

博物馆的中亚部分指的是我国新疆地区，其中的藏品来自法国考古学家伯希1906—1908年在当地考察“带”回来的精品，如《菩萨头像》《草泥制库木吐喇僧侣头像》《梵天头像》《圣匣》《八臂观音》和《护法天王》。

还有9—10世纪的《观音指路》，画得真好。

阿富汗佛塔

1.

2.

3.

4.

1.《菩萨头像》，中国，4—5 世纪，吉美博物馆藏

2.《草泥制库木吐喇僧侣头像》，中国，7—8 世纪，吉美博物馆藏

3.《梵天头像》，中国，6 世纪早期，吉美博物馆藏

4.《圣匣》，中国，6—7 世纪早期，吉美博物馆藏

《八臂观音》，中国，
9 世纪晚期—10 世纪早期，吉美博物馆藏

《护法天王》，中国，
8 世纪下半叶，吉美博物馆藏

《观音指路》，中国，9—10 世纪，吉美博物馆藏

X

跟随博物馆展品回到了熟悉的中国艺术品世界，我的神经也松弛下来。

我第一次知道李嘉诚赠予了一整套青铜器给吉美博物馆，它们出自同一个人的墓中，上面印有同族所有人的名字。另外一件大型青铜器象樽是用于发酵酒加热的，外形很可爱。

我最喜欢的是西汉尤其是唐朝的彩陶俑，乐师（包括外国女乐师）、女舞者、仕女、马球手和骆驼骑手等，他们在展品中经常成群结队出现，生动活泼，场面壮观。我在国内从没有看到如此有趣的布展方式，可惜隔着玻璃且反光，我很难与朋友分享当时看到的场景。

吉美博物馆中历朝历代的中国文物很齐全。因为自己在国内经常看，不觉得惊艳，可如果是外国人参观，这里的展品足以令他们赞叹不已。

青铜器展厅

《彩绘灰陶女立俑》，公元前 2 世纪，吉美博物馆藏

《彩绘灰陶女跪坐俑》，公元前 2 世纪，吉美博物馆藏

《彩绘陶妇女俑五件》，7 世纪，吉美博物馆藏

《左：加彩红陶持盾武士俑；中：彩绘红陶骑马俑；右：彩绘红陶持戈武士俑》，
陕西出土，公元前 2 世纪，吉美博物馆藏

我比较喜欢的是河南龙门石窟老君洞内北魏（6世纪初）的《思维菩萨坐像》，他貌似古代印度王子，采用印度佛教艺术的经典“自在坐姿”，即右腿盘曲，左腿下伸，右臂自然弯曲，支在右腿上，右手食指伸向面颊，呈思维状。虽然类似的思维姿态通常用于塑造释迦牟尼佛，但据其服饰和姿势来推断，他应是6世纪香火鼎盛时期供奉的弥勒菩萨。菩萨塑像头部偏长，嘴角微翘呈微笑状，眼睛张开，衣褶垂悬舒卷，确实具有北魏龙门石窟佛像的特征。

《思维菩萨坐像》，
河南龙门石窟出土，
6 世纪初，吉美博物馆藏

我喜欢菩萨洒脱的神态。

另一座是6世纪中前期的《佛陀冥思》，出自河南的巩县石窟。龙门石窟和巩县石窟框定了河南石窟的基本风格，而河南石窟的一大特征就是石窟造像风格非常中国化，佛像脸部的神韵以及身体轮廓无不流露出中国风，其中身体轮廓侧重刻画褶皱的衣衫，衣衫呈流线形，显得非常抽象。

这尊塑像的形象沉静、雍容大度。

《佛陀冥思》，河南巩县石窟出土，6 世纪中前期，吉美博物馆藏

XI

中国人对金银器的偏好不如西方人那么强烈，但唐代金匠受外国影响颇深，他们制作出新颖的金银盘碟，上面绘有鸟纹和叶纹，如这件《五叶饮器》和后来的一些瓷器也借鉴了这种风格。

《五叶饮器》，中国华北地区，8—9 世纪，吉美博物馆藏

执行馆长玛丽·凯瑟琳·雷伊分析了下面三件馆藏瓷器。

《凤喙壶》，中国耀州窑制作，10—11世纪，吉美博物馆藏

《凤喙壶》，双嘴壶形似凤凰头，出自10至11世纪的耀州窑。透明的绿釉淡染了一层蓝色的装饰层，栩栩如生；装饰层描绘有宿根花卉，荷叶则高低不一地镌刻其上；柄壶有竹类植物之感，对作品起到了烘托作用；壶上两个凤凰头似的壶嘴暗示此物可能是御用品。这件青瓷出自北部，立体的花纹和厚重的釉彩营造出晶莹剔透的外观以及色彩的微妙变化。

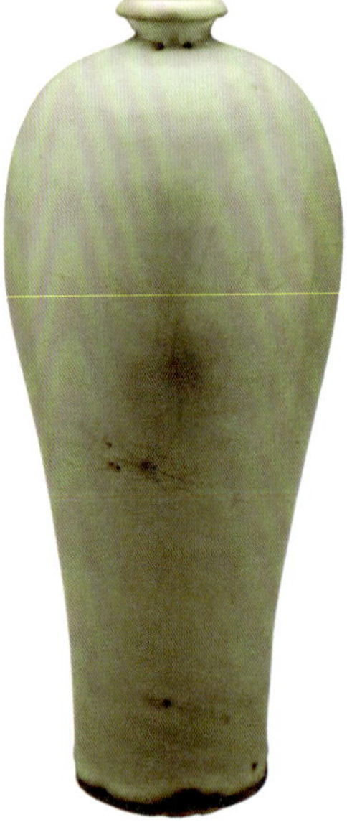

《梅瓶》，中国钧窑制作，13世纪早期，吉美博物馆藏

蓝绿色釉的《梅瓶》出自公元13世纪早期的钧窑，这只瓶子用于盛烈酒，瓶上的粗粒油膏和厚软浑浊的釉料是这类瓷器的一大特色。北部省份所制的青瓷器注重细微效果，相比之下，这只钧窑瓶则更注重和谐的外形和色彩的效果——钧窑砂岩里的亮蓝色或青绿色釉料缀有点点紫斑。这件瓷器具有纤细的简约之美，瓶子上端粗大，自上而下骤然收窄，浑浊黏稠的顶层釉料在边沿处渐渐稀薄，染上了如水般剔透的淡绿色，瓷器底座的上方还可见厚铸工艺稍稍停滞的痕迹。

据博物馆官方指南介绍，19世纪的法国文学家埃德蒙·德·龚古尔是中国瓷器的爱好者，他在《艺术家之家》中赞道：“中国瓷器可谓是瓷器之王。几个世纪以来，世界上有许多珍奇爱好者对中国瓷器分外狂热。中国陶瓷之所以能取得如此高的成就，是因为窑炉之灵对自己烧制的陶瓷善加庇护的缘故。只有玉石方可与半透明的陶瓷相媲美……‘蓝如天，薄如纸，明如镜。’陶瓷明亮胜雪。中国的诗词吟诵工艺之美，而我们则歌颂着景致之美，这简直是上帝的作品！泥土经由人类之手，凝结成一件件明亮、色彩柔和的物件，它们就像宝石一样闪耀。”

龚古尔有一只18世纪清朝的《鸟饰盘》，画面充满了瓷器佳作常有的诗意：玉兰花在5月盛开，它的树枝歌颂着阴柔之美。玉兰花有“兰中之玉”的意思，和玉一样象征王权和权力，同时也带有“春光永驻”的希冀。

《鸟饰盘》，中国，18 世纪，吉美博物馆藏

《对瓶》，中国，1736—1795年，吉美博物馆藏

很特别的是这件《对瓶》。1695年一位德国耶稣会士接受康熙皇帝的邀请，在皇城内主持修建玻璃工场。玻璃是一种新产品，有一定的厚度，因此人们能在其中喷绘一些浓郁的色彩。在阳光的照耀下，玻璃制品仍能保留材料的细微差异。人们研究植物球茎的形状，并将其融入器皿的制作工艺中。这对玻璃花瓶正是源于此。琢面布满花瓶底部，与纤细的颈部形成鲜明的对比，花瓶的琢面部分颇具“平面”风格，流露出惊人的现代感。

XII

吉美博物馆的朝鲜展品除了珍贵的青瓷和白瓷外，还突出展示了当时朝鲜的屏风和家居。

执行馆长皮埃尔·康宝介绍道：

朝鲜王朝时期以及公元18或19世纪时，朝鲜的屏风大多是一件式的——由六、八、十块面板组成。屏风的主要功能就是分隔空间，用来区分某块区域是居住还是礼宾之用。起居室可分为两部分：舍廊房和内房。内侧建筑结构非常重要，这里是女子的住处，外侧则供男子使用。屏风在不同的场合会展现不同的主题，至于是何种主题则取决于居住者。“花鸟”主题象征着和平和赐福，用于内侧。“文房图”主题歌颂了知识和书籍，常用于房屋外侧。屏风的处理方法非常抽象，广泛借鉴了欧洲和中国北京地区的绘图方法。当访客面见屋主时，便能看到屏风上的绘画，屋主本人则盘坐，背朝屏风——朝鲜和日本类似，人们都是坐在地板上起居生活：他们和中国人不一样，不用椅子。屏风画以丝绸绘制，然后再衬以纸张。用于正式场合的屏风尺寸比较大，描绘生活亲密时刻的屏风比较小，但也不乏过人之处。长期以来，中国对朝鲜绘画的影响深远。18世纪时，朝鲜绘画受到实学运动影响，慢慢偏离了既定的轨道，除了风景画，在郑敾（Chongson，1676—1759年）和擅长风俗画的金弘道（Kim Hongdo，1745—1814年？）的努力下，朝鲜的实景绘画风格开始形成。吉美存有一座金弘道的屏风，而韩国国立中央博物馆还存有另一件对应的仿品（1778年），这些画面诙谐地反映出“晨光静土”的人情风貌。虽然御用艺术家的工作受到图画署（礼部的分支机构）的监督，不过艺术家们仍在朝鲜社会多样化的潮流中亦步亦趋，他们在从事官方职务的同时，还接受了一些私人赞助，如此一来，画坛各派林立，从单色画到彩色画——文人画到宫廷画，应有尽有——无不体现出学院派美学的风貌，甚至连私宅的装饰作品也不例外。这里仿佛是终极版的秘密花园，世界

朝鲜屏风

就像花园。

吉美博物馆在日本艺术的收藏方面也比较全面，且有不少精品。关于日本艺术的历史，我已在拙作《秘色日本》中梳理过一遍，不再重复。

顺便提一句，吉美博物馆的餐厅还是不错的，食物是越南风味。

第二章

中世纪博物馆

圣塞维酣教堂

中世纪博物馆坐落在巴黎拉丁区的一大片3世纪的公共浴场的遗迹中。镇馆之宝是六幅挂毯《贵妇与独角兽》系列，它们是15世纪挂毯艺术的杰作，堪称是一件集美丽与神秘于一体的恢弘巨制。其精致的红色、吸引人眼球的百花繁茂的奢华背景，散发着高雅魅力的人物，还有持续了近两个世纪的对其含义的争论，不断激起旁观者的好奇心。

I

中世纪博物馆（Musée de Cluny）坐落在巴黎拉丁区的一大片3世纪的公共浴场的遗迹中。

镇馆之宝是六幅挂毯《贵妇和独角兽》系列，它们是15世纪挂毯艺术的杰作，堪称是集美丽与神秘于一体的恢弘巨制。其精致的红色、吸引人眼球的百花繁茂的奢华背景，散发着高雅魅力的人物，还有持续了近两个世纪的对其含义的争论，不断激起旁观者的好奇心。

据中世纪博物馆的理事兼总管理员伊丽莎白·塔布赖特·德拉海耶介绍，法国的挂毯艺术起源于14世纪中期的西部地区，最初是一项因为国王、王子和教会等显赫人物的特别委托而发展起来的工艺。15世纪的时候，越来越多的商人和地方官员带着更多的赞助加入进来，刺激了这项工艺的发展。比如委托制作《贵妇和独角兽》系列的勒·维斯特家族。通过挂毯上着重强调的家族徽章，我们可以看出这个家族作为新兴阶级想要维护其社会地位的迫切愿望。就其风格而言，这几幅挂毯属于流行于1490到1520年间的百花挂毯的范畴。

说起《贵妇和独角兽》系列的设计美感，首先还得仰赖于布列塔格涅大师的绘图，此外还仰仗了从图像到挂毯转换过程中的工匠，他们都很了不起。

《贵妇和独角兽》系列另一个比较罕见的特点是红色背景的使用。百花挂毯的背景色通常是绿色的，随着时间的推移，慢慢变成了蓝色。

按照中世纪的传统，挂毯的主题一向以寓言为主，我们现在看到的这些也不例外。不过，要说起这些挂毯的主题，前所未有的应该就是这六幅场景都是以女性人物为寓言角色。挂毯主题的表现和诠释也从中世纪的道德说教中摆脱出来，转而为精神诉求的世界和对生活乐趣的追求提供了一个视觉范本。一批新兴阶级的委托标志着巴黎的艺术环境逐步形成，艺术家开始把创作的重点放在女性形象上，再加上当时和平的外部环境——所有这些因素都促成了当时的文学艺术从中世纪向文艺复兴时期的过渡。这些挂毯除了其内在突出的品质，还反映了那个时代社会、知识和艺术的变化。

德拉海耶继续介绍说，从遥远的古代开始，独角兽就是传说中的一种十分神奇的动物。它在中世纪非常著名，尽管它是一种阴茎象征，但也与女性童贞有着密切的关系，从这一时期的众多画作、版画和图书插图中可以看出这一点。当然还有其他挂毯，比如如今悬挂于纽约修道院艺术博物馆的著名的《狩猎独角兽》。这两组挂毯之间的相似处也仅此而已。纽约博物馆里的挂毯展示的是动物被捕获的场面，充满了侵略性；而《贵妇和独角兽》系列展现出来的却是人与动物和谐相处的世界。①

Ⅱ

1814年，历史学家约瑟夫·朱利尔顿在描述位于克勒兹行政区的布萨克城堡的内景时提到了这些挂毯，他是第一个提到《贵妇和独角兽》系列的人。他认为这组挂毯的委托人是曾于1483到1488年旅居于布萨克附近一个名叫布尔加纳的小镇的土耳其王子埃米尔－吉姆，他的这一理论是以挂毯画面上旗帜和标杆上面的新月图案为依据的。

19世纪末期，这一结论被另一个推论所替代，后者认为挂毯的真正委托人是来自里昂的勒·维斯特家族。

1532年，勒·维斯特家族中的安托尼二世委托工匠为巴黎圣日耳曼奥赛尔教堂制作了一扇彩色玻璃窗以展示他的徽章，与一贯的徽章规则相悖的

① Raphaelle Zennaro(2017), *The Musée de Cluny and Its Collections*, Paris: Connaissance des Arts, P.18.

是，他的这个徽章有两种颜色（红色和蓝色）相互重叠，这些徽章也出现在《贵妇和独角兽》系列挂毯上。

但是布萨克是如何成为这些挂毯最后的归宿呢？历史学家亨利·马丁追溯了婚姻血统继承的脉络，确定了城堡的主人是维斯特家族的后代。1837年，她将城堡卖给布萨克镇，后来布萨克镇又将城堡卖给克勒兹行政区，之后它就成了地方分管辖区的办事处。1841年，负责历史古迹的总监梅里美参观了城堡，他对城堡里的挂毯表示关注，建议它们应该由国家接手负责。经过漫长的谈判——因为其要价实在太高——中世纪博物馆的理事莫索拉尔德最终在1882年7月7日以25000法郎价格买下了这些挂毯。

我们在六幅挂毯中总能看到一位衣着华丽的女子，她的身材精致而匀

挂毯：《贵妇和独角兽·味》，约15世纪，中世纪博物馆藏

挂毯：《贵妇和独角兽·触》，约 15 世纪，中世纪博物馆藏

挂毯：《贵妇和独角兽·嗅》，约 15 世纪，中世纪博物馆藏

挂毯：《贵妇和独角兽·听》，约 15 世纪，中世纪博物馆藏

挂毯：《贵妇和独角兽·看》，约 15 世纪，中世纪博物馆藏

挂毯：《贵妇和独角兽·我唯一的愿望》，约 15 世纪，中世纪博物馆藏

称，尽管每幅画中的衣饰不尽相同，但毋庸置疑的是，这六幅挂毯的主角就是她本人。

六幅挂毯中的四幅都出现了一个娇小的女性人物，她可能是仆人，尽管这种解读和她身上优雅贵重的衣服、首饰不太相衬，但德拉海耶将其称为“闺秀”，这是对中世纪王后或者王妃公主身边随行女伴的称呼。

贵妇略显高挑，细长的身材保持了中世纪的经典审美，叠覆的衣服由锦缎或是当时的特色纺织品（带有石榴图案）制成，头发打理成鹭鸶羽毛帽饰的风格（额前的青丝全部向后梳起），加上闺秀身上穿的高腰窄裙上的尖领设计，这些都展示了1500年前后的时尚审美，衣服和首饰互相陪衬，看起来大方得体。

Ⅲ

制作于15世纪末到16世纪初之间的挂毯的风格就是所谓的百花挂毯风格——纯色的基底上规律地排列着茂盛的小花朵和小树叶，有时还包括人物、家畜和野生动物。这种情况在六幅一组的《贵妇和独角兽》系列中可见一斑，一簇簇的灌木，一丛丛的花床（雏菊、铃兰、茉莉等等）和其他小动物一起在红色的织物背景上共存。这些元素有助于挂毯主题的统一，并且营造了一种熟悉的氛围（中世纪对于动物元素的使用是很常见的）。除了提供背景之外，这些元素本身也是有寓意的，比如说，正在吃水果的猴子同时寓意着原罪和异国情调，这之中并不存在任何贬义的成分；而无处不在的兔子（六幅挂毯里，兔子出现了34次）则寓意了狩猎和繁殖；人类忠实的伙伴狗则寓意婚姻和家庭。所有这些出现在挂毯上的动物、康乃馨和玫瑰诠释了宫廷挂毯的审美感，同时也给我们展现了一个充满爱的花园景象。

到目前为止，针对这组挂毯已经出现很多种不同的解读，且都有一定的说服力。

1921年，肯德里克提出了五种感观的主题，这一主题是由贵妇和她身边多次模仿人类行为的小猴子来呈现的，而且这种解读看起来很难反驳。

第六幅挂毯《贵妇和独角兽·我唯一的愿望》则提出了更多的诠释。德拉海耶认为：这是一首对于爱和极致愉悦的赞美诗，这是来自哲学和精神层面上的敦促——放弃肉体感官上的存在——或者两者兼而有之？我们应该明白在中世纪的时候，那些我们所认为的相悖的事物是可以轻松共存的，这也导致了其艺术创作往往具备多重复杂的信息，从而让现代的我们很难完整解读。这是一个涉及动物象征的丰富的文学语言库。①

专家金·吉利耶则提出更为详尽的解读：

《贵妇和独角兽·我唯一的愿望》这幅挂毯对于我们理解《贵妇和独角兽》系列起到了决定性的作用，它是唯一一幅主题是由狮子和独角兽撩开帐篷帷幔的挂毯，它和其他五幅描绘感官寓言的挂毯完全不同。那么，帐篷上面提及的"一个愿望"又是什么呢？

对此，有两种假设比较常见：第一种是以柏拉图的观点为依据，根据其思想，为了获得认知，从而获得人类的最高境界，人类会先利用自己的五种感官协调认知，进而获得第六种感官——理解或者是所谓的智力。按照柏拉图的说法，这五种感官是由愿望来支配的，因为有了某种强烈的愿望，人类会组织力量以寻求事物的完全性，从而获得真知或者智慧。在另外五幅挂毯中，每一幅上的主题感官在特定意义上有助于对知识的获取，比如，就《贵妇和独角兽·触》这幅而言，画面上的贵妇触摸了独角兽的角，按照《动物论》这本描述现实和想象中的动物的自然历史专著的说法，其本身是带有对于道成肉身的基督的语言性象征的。这样，贵妇就可以通过自己的身体接触到圣灵。从这个角度看，《贵妇和独角兽·我唯一的愿望》总结了通过感官寻求知识的过程。

第二种假设援引了让·德·格尔森（1402年）的《道德心和五感》，将第六感和内心联系在一起，这是中世纪文学描述人类感官层次的巅峰之作，

① Raphaelle Zennaro(2017), *The Musée de Cluny and Its Collections*, Paris: Connaissance des Arts, P.19.

其中囊括了从物质到精神的迈进。与其他器官相反的是，作为与外界感官体验的媒介，人类的内心被视为一个将全部感知集中于一体的内在意识系统，这样一种“身体的亲密”由哲学家米歇尔·塞雷定义，他认为挂毯描绘的掀开的帐篷内部象征着人类内心的认知。①

Ⅳ

《贵妇和独角兽》系列挂毯有如此魅力，怎能让我不心动？那天我们一早就兴冲冲地来到中世纪博物馆，谁知售票处的管理员告诉我，《贵妇和独角兽》系列的挂毯与巴黎圣母院的雕刻品不在展出之列，票价也因此减免一半。

我当场晕倒。谁要你减价啊？没有了这些镇馆之宝，我来这里干什么？《贵妇和独角兽》系列不是在2012年修复过了吗？我也没问它们到哪里去了。

与卢浮宫、奥赛等大型博物馆相比，中小型博物馆也就一两样镇馆之宝，没了它们，意义真是不大，还不如关门。在一些游人较少的地区，小博物馆在冬天还真的关门了，我猜中世纪博物馆也有这意思吧。

我很想立刻离开这里，可想想既然已经来了，还是去逛一圈吧。

我怀着沮丧的心情走进了展室，也许我对中世纪的文物尤其是挂毯看得太少，不一会儿就被里面的各种挂毯给迷住了，我从没有见过这么长这么丰富的中世纪挂毯。我曾尝试在卢浮宫多看看法国历朝历代的挂毯，可是它的灯光昏暗，尤其是夜场，视觉感受实在糟糕。

也许像保护中国古代书画一样，中世纪博物馆的照明也是暗淡无光。但它只是不适合拍照，肉眼还是能看清的。

可惜我对这一领域还在学习中，只是感性上的赞叹，知其然不知其所

① Raphaelle Zennaro(2017), *The Musée de Cluny and Its Collections*, Paris: Connaissance des Arts, P.32.

以然。我只能根据《装饰艺术博物馆》杂志的专题报道，蜻蜓点水，浮光掠影，摘录一些文物看看而已。

博物馆展室内的各种彩绘玻璃如黑夜中的繁星，美丽至极，馆内收藏着圣礼拜堂内的彩绘玻璃，彩绘玻璃艺术的发展催生了银染工艺。教会金库的建立是中世纪欧洲西部文化发展的显著标志之一，体现出权力、威信及地位。

V

我最重视的欧洲挂毯，上述杂志也就略略提及。

一个是圣司提反故事的巴黎挂毯，总共有12幅，制作时间约1500年。圣

《(十二幅挂毯之第八幅)圣司提反挂毯：遗体的转移》(局部)，
法国巴黎，约15世纪，中世纪博物馆藏

司提反是《新约》中第一位基督教殉道者，因为弘扬耶稣的道而被保守极端的犹太教徒用石头砸死，其情节在《使徒行传》中有生动壮烈的描述。圣司提反挂毯总共展示了23个故事场景，后面说的是圣司提反殉道后的三个世纪后，他的遗体被发现了，最后，罗马的动荡随之而来。这里的第八幅挂毯描绘的是庄严的神职人员身着华丽的衣袍护送圣徒的遗体，将其装殓。

制作于约1520年的六幅荷兰挂毯描绘的是理想化的庄园生活，其中一幅《庄园生活挂毯：沐浴》说的是：在一个如田园诗般的花园里，一位年轻女

《庄园生活挂毯：沐浴》，荷兰，约1520年，中世纪博物馆藏

子正在洗澡，周遭围满了衣着华丽的仆人和音乐家。画面背景那繁茂的花朵使得这幅挂毯成了名副其实的百花挂毯，水池边上装饰的是卷轴状的叶形装饰，还有池子里的女性裸体，这些都是中世纪的传统向文艺复兴时代发展的先兆。

我对中世纪博物馆中第二件印象深刻之事是展室内的各种彩绘玻璃，如黑夜中的繁星，煞是好看。

博物馆内收藏着巴黎圣母院旁的圣礼拜堂（Sainte-Chapelle）内的彩绘玻璃。圣礼拜堂建于13世纪的路易9世的王宫内，是用来存放1237到1242年间获得的有关耶稣受难的遗迹：荆棘王冠、真十字架的碎片，以及圣矛和神圣海绵，整个教堂本身被奉为一个巨大的圣物。教堂被分为上下两个部分，下部分宫殿作为宫廷侍者的活动区域，上部分宫殿则是国王和其皇室所在的区域，这两个部分的宫殿都不设过道。上层的教堂正厅里，彩色玻璃几乎填满了所有的墙壁空间，室内被光线淹没。在这里，人们对于轻盈与透明的哥特

圣礼拜堂的彩绘玻璃（一）

圣礼拜堂的彩绘玻璃（二）

式追求达到了极致。

我在2000年来过这里一次，2017年夏天又特意去了圣礼拜堂，上层的彩色玻璃流光溢彩，让我陶醉。

中世纪博物馆收藏的1241—1248年的圣礼拜堂彩绘玻璃《参孙和狮子》，出自圣经《士师记》中的英雄参孙正在赤手空拳地征服一头狮子，详细的描述是：“参孙跟父母下亭拿去，到了亭拿的葡萄园，见有一头少壮的狮子向他吼叫，耶和华的灵大大感动参孙，他虽然手无器械，却将狮子撕裂，如同撕裂山羊羔一样。”画面上的人物衣服处理得十分灵动而具有图形感，完整的面部上突出一双大眼睛，树木的风格化展现是圣礼拜堂窗户艺术的主要特征。

《参孙和狮子》，法国，
1241—1248年，中世纪博物馆藏

《死人复活》，法兰西岛?
约1200年，中世纪博物馆藏

另一块彩色玻璃在后来回归到圣礼拜堂的窗户上之前可能被安装在巴黎的某个教堂里。玻璃画面的处理显示了发生于1200年前后的形式变革的特点，这一点我们可以从复活的死人身体的解剖学结构特点和装饰图形的优雅质感中看出来，我们也可以明显感觉到构图的和谐与罗马风格的“框架法则”相关联的自由度。

Ⅵ

我们再欣赏一下博物馆内的另两块彩绘玻璃。

用于民宅窗户的彩色玻璃一般被称为圆形饰物，这取决于它们的圆环形状，其最初出现于14世纪，玻璃上绘了浮雕式灰色装饰画并加以银染。《圣塞巴斯蒂安》很有可能是一个弓箭手团委托制作的，圣塞巴斯蒂安是他们的守护神，在曲线和反曲线动态感十足的相互作用下，画面呈现出一个精致的

《圣塞巴斯蒂安》，法国，15 世纪后 25 年— 16 世纪前 25 年，中世纪博物馆藏

人物裸体，其构图的灵感来自佛兰德斯大画家罗吉尔·凡·德·维登。

圣塞巴斯蒂安原来是罗马军人，也是基督教殉道者，他被乱箭射杀，是避开瘟疫的护身符。由于中世纪的黑死病等瘟疫对社会的伤害实在太大，圣塞巴斯蒂安的图像出现在各种媒介上，是众人非常熟悉的人物。

6世纪的时候，印度人发明了国际象棋，这种对弈游戏在11世纪前传入欧洲南部地区，虽然当时的教会对此极力反对，但它还是很快传播开来，许多文献和考古遗迹都证明了其受欢迎的程度，特别是在贵族的圈子里。15世纪的饰品《象棋对弈者》是最为古老的世俗彩色玻璃的典范，其内容也象征着俘获爱情。

《象棋对弈者》，15 世纪，中世纪博物馆藏

Ⅶ

尽管经历了饥荒、黑死病、百年战争等，但14世纪欧洲的私人赞助却得以大幅增长，这主要是得益于一些日益富裕的资产阶级和艺术中心的繁衍所带来的财富。这些当权者互相竞争，试图以赞助更多的艺术作品来凸显自身的财富。这种竞赛精神导致了发明的层出不穷，从而出现了新的黄金制作工艺和珐琅工艺，彩绘玻璃艺术的发展催生了银染工艺，挂毯织锦工艺也得以蓬勃发展。从最初的豪华日常用品开始，这些由权势人物保管的财富珍宝还包括宗教物品和一些所谓的“孤品”，这也反映了当时人们日渐浓厚的收藏兴趣。

《犹太婚戒》，科尔马，
14 世纪上半叶，
中世纪博物馆藏

这枚代表了杰出金匠艺术的“犹太婚戒”和大量的珠宝钱币埋在一起，它很有可能是来自反犹太迫害期间。这是一枚制作精美的戒指，戒指顶部是由金丝装饰工艺制作成的小建筑，建筑顶部是一个圆锥形的屋顶，屋顶表面涂上了瓷釉，上面的铭文是希伯来语“Mazel tov”，意思是好运。

每年大斋期的第四个星期日，教皇都会给自己选中的人赐予“黄金玫瑰”的荣耀，这枝黄金玫瑰是由活跃于阿维尼翁教皇皇宫的意大利金匠穆奇亚诺·达·锡耶纳受命制作而成，它被赠送给了纳沙泰尔伯爵。这枝玫瑰所体现出来的自然主义和熠熠光辉让人联想起14世纪宫廷艺术的精湛工艺和华丽质感。

《黄金玫瑰》，穆奇亚诺·达·锡耶纳，
约 1330 年，中世纪博物馆藏

15世纪时，圣母怜子的主题开始流行，主要在私人之间传播，其中包含个人与神圣人物之间的个性化联系。《塔拉斯孔的圣母怜子图》属于雷内国王的妻子珍妮·德·拉瓦尔，画面上描绘的不朽场景突出了死亡的基督那苍白无力的裸体和抱紧自己儿子的圣母的悲痛欲绝，这一情绪相对激烈的人物场景和相对宁静的圣约翰和抹大拉的玛利亚这两个人物构成了一种平衡。这幅作品的创作受到了昂盖朗·夸顿创作的《阿维尼翁的圣母怜子图》的启发，后者如今收藏于卢浮宫。画面上人物雕塑化处理是普罗旺斯绘画的特点，而其精致的细节和织品错落的褶皱则让人想起了大师安东尼·凡·戴克和佛兰德斯画派。

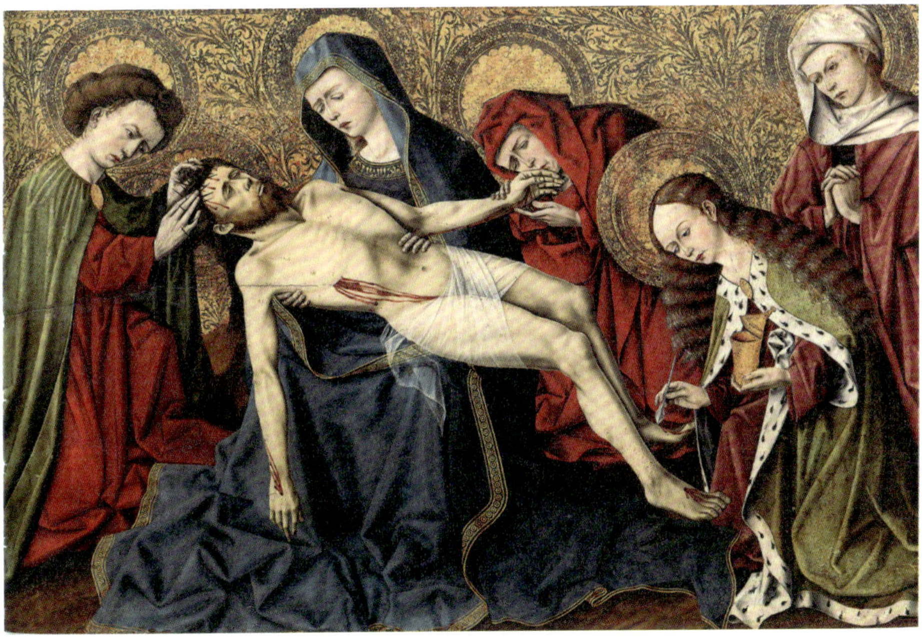

《塔拉斯孔的圣母怜子图》，阿维尼翁，1457 年前，中世纪博物馆藏

Ⅷ

教会金库的建立是中世纪欧洲西部文化发展的显著标志之一。金库的来源主要是朝圣者和信徒的礼献，或者是来自当权者的赞助，最主要的是祭祀崇拜中用到的法器和祭服，其彰显出来的显赫奢华鼓舞了更多的信仰和礼献。几个世纪以来，这些反映教会权力的珍宝成了展现自我价值的珍贵藏品，体现出特定的礼拜场所的声誉、威信及其赞助人的慷慨和虔诚。

《西班牙王冠》，西班牙托莱多，
7 世纪，中世纪博物馆藏

这顶“西班牙王冠”从属于在西班牙托莱多附近发掘出的一套珍贵的黄金饰品，包括26顶王冠加上十字架和鸡心形垂饰。这顶王冠是以鎏金镶嵌金珠和用来垂挂鸡心形垂饰的金环制作而成，冠冕上装饰着未经雕琢的宝石。王冠上体现出来的制作工艺以及对于色彩和图形的审美都具有所谓的“蛮夷”王国的黄金制品的特征。

《祭坛》正前方的四项基本道德下的五个拱门里分别是基督、圣本笃和三位大天使，其捐赠人很有

《祭坛》（局部），富尔达或特里维斯－埃希特纳赫，11 世纪上半叶，中世纪博物馆藏

可能是奥托王朝的最后一位国王亨利二世，画面上的他和妻子跪倒在基督的脚边。祭坛人物的优雅继承了古典时代的审美感，并和拜占庭对于姿势图形和布料褶皱的传统处理方式相结合，可谓别具风格。

这件作品让我想起了威尼斯圣马可大教堂中类似的文物，不知道它们是否来自同一源流？

Ⅸ

抹大拉的玛利亚是中世纪最受推崇的圣徒之一，她不单是个罪人，也是耶稣复活的见证人。这尊布鲁塞尔的雕塑，原本其表层是上色的，将这两个特点合为一体：她的手上捧着一罐膏油，这是用来涂抹基督的身体以保存遗

《抹大拉的玛利亚》，布鲁塞尔，
约 1490—1495 年，中世纪博物馆藏

《圣玛格丽特》，
15 世纪晚期，中世纪博物馆藏

体的，整尊雕塑看起来十分优雅精致，特别是雕像头部环形的发辫，可以想见其雕刻工艺的老练纯熟。

另一块15世纪晚期的装饰面板上描绘了圣玛格丽特的传奇故事，传说她被巨龙吞下后竟然毫发无损。她的故事曾被好几位艺术家作为创作题材。这幅画的存在表明了佛兰德斯绘画革新的广泛传播，遵循了杰出的画家汉斯·梅姆林的范例，来自布鲁日的大师通过这幅画向我们展示了光线的细腻和造型的精致。

珐琅是用含有氧化物的磨砂玻璃制作而成，其在烧制的时候变成玻璃材质。该技术最早可以追溯到古代，当时珐琅主要用于景泰蓝工艺，在12世纪的时候又获得了新生，特别是在默兹河和利摩日地区，当时这两个地区采用的是錾胎珐琅技术，这一工艺涉及将不同颜色的珐琅嵌入由厚金属片雕刻成的小格子中，当时这一工艺在欧洲非常普及，无论是宗教还是民间，对此技术的应用都很广泛。该项工艺的成功可以归因于其应用过程中生动的色彩以及众多修饰性和叙述性的表现手法。

公元1300年前后，透花珐琅的技术，即景泰蓝工艺的一个变种，开始在巴黎的作坊里发展起来。这种工艺开始主要应用于缝制在衣服上的金属印模等小型物件上。《珐琅饰板》绿色的基底和黄色半透明的四叶花饰呈现出饰板底部亮丽的黄金，这些黄金分割块组合成了一个类似植物的网，上面点缀着蓝色、红色和白色的几何图案，呈辐射状分布于饰板的边缘。这些作品完美地展示了宫廷和贵族对于珍贵材料、装饰和色彩的品位。

《珐琅饰板》，巴黎，
约1300年，中世纪博物馆藏

《圣吉纳维芙圣物匣》除了是一件珠宝，也是私人供奉的物品。圣物匣上描绘的圣吉纳维芙手持一支蜡烛，蜡烛上的火光被魔鬼吹熄，而一旁的天

《圣吉纳维芙圣物匣》，巴黎，约 1380 — 1390 年，中世纪博物馆藏

使又很快将其点燃，半透明的珐琅置放于浮雕银饰板上，使得完成的画面呈现出光与影相互交错的视觉感。

画珐琅是当时珐琅工艺中的最新发展，它出现于1500年前的利摩日地区，并且取得了巨大的成功，特别是在宗教物品的应用上。这块饰板带有作者签名和日期，这在那个年代显得不同寻常。圣物匣由两个部分组成，画面主要以蓝色和绿色为主要色彩并作出明暗深浅的处理，耶稣受难的圣像和施主的衣服都呈现出16世纪初的艺术特色。

坎特伯雷大主教托马斯·贝克特之死，即英国国王亨利二世下令在教堂杀害这位主教一事激起了全欧洲的愤慨，而之后发生的奇迹引发了一系列狂热的崇拜，在托马斯殉道三年后，他被奉为圣徒。时至今日，这位圣徒差不多有50个圣物匣，这里的《托马斯·贝克特圣物匣》主要详细描绘了谋杀和埋葬的场景：画面上人物的一举一动仿佛瞬间冻住了，和充当背景的珐琅装饰配合得天衣无缝。

《托马斯·贝克特圣物匣》，利摩日，约1190—1200年，中世纪博物馆藏

X

中世纪的时候，动物在人类日常生活中无处不在，无论是在家里、打猎中，还是在战争中或田野里，动物都占据了十分重要的地位，尽管时而纯粹是作为装饰，但它们的存在或多或少都会带有道德或宗教层面上的含义，这

些含义有时候甚至是自相矛盾的。从东方圣像和自然历史的论著中描述的内容获取的灵感，异域动物作为一种奇妙的物种也是颇受欢迎的，这些混合生物满足了中世纪对于象征和奢华装饰的需求。

《装饰了老鹰的盘子》，西班牙瓦伦西亚省，15 世纪下半叶，中世纪博物馆藏

《装饰了老鹰的盘子》是结合了西方的形式、伊斯兰装饰艺术和东方工艺（使用金属氧化物生产接近本金属的提纯物）的作品，出产于西班牙瓦伦西亚省，是用来出口到外埠的，我们可以从植物装饰中央的盾牌和背面曲线构成的老鹰纹章中看出这一点。

15世纪祈祷书的发展反映了私人供奉开始变得越来越重要，贵族和资产阶级对于奢侈品的品位也越来越高。在这一页满是哥特字母的羊皮纸《梅茨祈祷书》上，其边缘是翻飞的植物枝叶，其间充斥着鲜花和奇异生物——半人马（在中世纪非常流行，因为它是贵族和高贵的马合二为一的存在），还有一条龙，它脖子后面似乎跟随着一个卷轴以及某种精灵。

《纹章刺绣》上勾勒了三头向前奔跑的豹子，这是金雀花王朝的徽章图案，可能出自伦敦皇家刺绣工作室，它呈现出高度风格化和优雅蜿蜒于画面上的猫科动物，其血盆大口表现得极具张力。该刺绣图的品质、原材料的丰富多元以及富有生气的色彩，都体现出这是一幅工艺考究的优秀作品。

《梅茨祈祷书》，法国洛林，15 世纪中期，中世纪博物馆藏

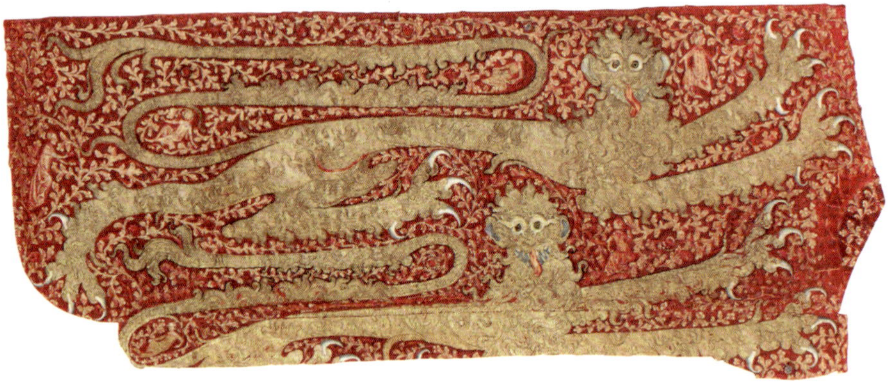

《纹章刺绣》，约 1330—1340 年，中世纪博物馆藏

XI

中世纪博物馆的前面有个小花园，里面坐着16世纪伟大的散文家蒙田塑像，《那一年，我在巴黎：跟海明威一起享受流动的餐宴》的作者麦克里欧说她最喜欢的是蒙田雕像的鞋子，“在印度，半人半象的象神甘尼许是印度教掌管好运的神祇，人们摩擦他的鼻子祈求好运；在罗马，人们则是揉搓圣彼得的脚；而在法国，他们的习惯是摩擦蒙田的鞋子”。

我受蒙田的文风和思想影响极深，我看过很多法国作家的作品，最后发现也就偏爱蒙田和普鲁斯特。

蒙田是“随笔”的创始人，但他的随笔与我们今天的随笔大异其趣，我们写的随笔更像是另一位随笔大家培根的风格，培根的随笔论什么就围绕什么展开，紧扣主题，偶尔会岔开一笔，马上就回到主题。

蒙田就不同了，他开始说一个话题，说着说着就走远了，最后经常不知道跑到哪里去了。

所以，我中学的时候看不懂蒙田，只会理性地学习培根。

后来我终于喜欢上了蒙田。

举个例子，蒙田和培根都说好要到甲地，培根总是高效地抵达甲地，有时偶尔会绕个小圈子，但很快会回到去甲地的路上。

蒙田就不同了，他开始走在去甲地的路上，突然觉得有一条道很有意思，就走了过去，然后又发现了另一条道，又走了过去，最后走到乙地，离甲地很远很远了。

在现实生活中，我们觉得培根靠谱，蒙田很散漫，不值得信任。

但是，为什么思想不能跑野马呢？为什么不能以游戏的心态让自己自由自在地徜徉其中呢？

蒙田飘飞的思绪与我们平日乱哄哄的思绪有什么区别呢？

蒙田的思绪其实很真实，对自己的感受挖得很深很深，看他的文字，有时会有种被他逼疯的感觉，因为跟上他的思路很困难。这种感受现实的真实性的蒙田传统的直接继承人就是普鲁斯特，他们都擅长在心理感受上挖掘得越来越深，让读者最后变得恍恍惚惚的，不知所以。

继续上面的例子。培根式的走法很实用，路上的风景却很一般，他绕了一下路，看到了一些不错的风景，但怕迷路，又回到了风景一般的路上。

蒙田式的走法就不同了。他是看见哪里的风景好就走哪里，他靠着直觉，路上的风景越来越好，我们跟着他眼花缭乱，最后也不知道走到哪里了，彻底迷路。可整个过程非常爽快。

看蒙田与普鲁斯特的文章，心情要闲、要静，不能分神，要跟着他们兴之所至，这点对绝大部分人来说很困难。

蒙田雕像

XII

我一看中世纪博物馆花园对面的建筑，觉得好眼熟，这不是索邦大学（Sorbonne Université）吗？它是1253年神学家索邦为了帮助贫困的神学院学生创立的宿舍，也是欧洲大学最早的起源之一。

我18年前曾经路过这里，但那时对中世纪博物馆没在意。

《画一个巴黎人》的作者奥利维耶·马尼说在法国（巴黎）拥有高等学院的文凭会高人一等。在法国，所谓的好学历只意味着念医学院或是高等学院，其他文凭不值得一提。高等学院分为两大类：商业类有高等经济学院和高等商业研究学院两所学院，工程类则包括巴黎高等综合理工学校、法国中央高等理工学院、高等矿业学院、高等桥梁公路学校等名校，以及巴黎政治

索邦大学

学院和巴黎师范学校，这其实就是法国名校的名单。简言之，上述名校皆位于巴黎或巴黎近郊。

大部分巴黎人无法考进高等学院，面对有能力进入高等学院的人，他们会感觉矮人一截，就算日后在职场上很成功，或是拥有令人称羡的家庭，依然无法抹灭18到20岁之间的那段心酸，因为他们没能考进高等学院，错过了立下人生里程碑的契机。

或许每个巴黎人都有一个梦想：有朝一日，自己的子女能够成功考进高等学院。

进高等学院是非常不容易的，不仅成绩要好，有教育程度较高的家长，还要再加上一点运气。不过，一旦成功地通过考试，保证你会有永久不坠的优越感。事实上，从高等学院毕业不代表日后一定会成为企业高管，但他们的聪明才智早已被认可，他们注定是人生赢家。在巴黎，成功的企业家、演员、大厨或艺术家都不能算是精英，精英阶层专属于高等学院毕业的人士，其他人就走他们该走的路吧。当然，以上只是个人的观点。

XIII

中世纪博物馆不远处便是圣塞维酣教堂（Église Saint-Séverin），它的入口处非常安详，有种中世纪的氛围，里面的彩绘玻璃很漂亮，尤其是最深处的现代彩绘玻璃，近看一般，但远看效果却动感十足。

只要稍稍离开教堂，就会发现它的另一面处于热闹的餐厅街（雨谢路）——圣塞维酣街。这里海鲜之类的食物都展示在外面，与威尼斯很相似，明显是为游客服务的。我们那天在这里最大的餐厅吃了一顿午餐，没什么特别之处。再往前走，就是著名的圣米歇尔大道。

圣塞维酣教堂

L'Auberge
MAISON DE GYROS
Ass.SUPER GYROS
Ass.KOFTE
Ass.STEAK
PITA

雨谢路餐厅街

我很喜欢拉丁区旁的圣日耳曼区，过去是，现在仍然喜欢。圣日耳曼教堂附近真是热闹非凡，而且建筑很有气势，我18年前在这里来回走过，今天仍是喜欢。这里有著名的双叟咖啡馆（Les Deux Magots）和花神咖啡馆（Café de Flore），曾是存在主义哲学家萨特和波伏娃夫妇经常来的地方。那天黄昏，我们发现花神咖啡馆人更多些，必须等位，先到旁边也很拥挤却还可以勉强坐下来的双叟咖啡馆喝杯茶。比较特别的是，咖啡馆的女服务员拿着各种甜点让我们直接挑选，这有些像过去的广东茶餐厅，服务员会直接推着点心车让客人挑选。

存在主义曾在20世纪80年代早期的中国流行过，也被批判过。我那时读高中，却因为误会，与存在主义有过一段颇有黑色幽默的缘分。说来话长，这里只说个大概。我高二时因为青春冲动，约了少年时的朋友与邻校学生发生校际冲突，吃了处分。作为一个好学生，为什么闯了如此大祸？有同学举报我曾说过萨特的名言“他人就是地狱”，那时正值批判存在主义的高潮，校方要求我从这里深挖思想根源。其实我当时只是觉得萨特这句话挺好玩的，根本不懂什么是存在主义。我只能在图书馆找到《中国青年》杂志，将

双叟咖啡馆

花神咖啡馆

里面的批评文章抄一些，交差了事。没想到校方认为我思想深刻，很有才，值得挽救，所以我就此逃过一劫。

做人要厚道，我因此一直感谢存在主义的恩情。但从我的趣味来说，我实事求是地说，存在主义只是一种时尚，它有些像禅宗，容易让人故弄玄虚；它让你喝咖啡谈情说爱……什么道理都不说只需做就行，文学性色彩浓厚，等等。

XIV

我在前面讨论法国19世纪浪漫主义大师德拉克洛瓦时，提到我曾去圣日耳曼地区的圣叙尔皮斯教堂观看他的著名壁画。

其实，我还想在这里感受一下启蒙时代情爱的气氛。

我们曾在卢浮宫旁的皇家宫殿走过，也聊过摄政王奥尔良公爵的放纵生活，他的一位相好是杜德方侯爵夫人。夫人在宫廷中遇到了伏尔泰，开始在哲学家中声名鹊起，她与伏尔泰及其他名流的通信至今还保留着。

从1745年开始，侯爵夫人就从圣叙尔皮斯教区的圣约瑟夫修道院的修女手中租下公寓，在那里开办了著名的沙龙。这时，来了一位叫朱莉的20岁的女孩。

朱莉是阿尔蓬伯爵夫人与有远亲关系的时髦军官加斯帕尔的私生女，加斯帕尔是侯爵夫人的哥哥。

朱莉不漂亮，但会通过思维和语言让人着迷，是法国人所说的“丑陋的美女”，也就是懂得如何让自己变得吸引人的丑陋女子。

朱莉负责接待杜德方夫人沙龙的男性访客，但从未对任何人真正有意。但28岁的时候，朱莉被一位名叫塔夫的爱尔兰子爵的甜言蜜语打动了并坠入爱河。她向侯爵夫人寻求建议，后者震怒了：一个即无身份又无身价的年轻女人居然梦想一位爱尔兰爵爷会娶她！太不可思议了。

朱莉陷入绝望中，令人痛苦的情感困扰让她开始服用镇静药物，特别是鸦片。正如侯爵夫人所料，塔夫得知朱莉的真实身份后，并没有结婚的打算。

朱莉虽然继续在侯爵夫人的庇护下生活了四年，但两人的关系受到了致命的损伤。

侯爵夫人的好友，著名的数学家、哲学家达朗贝尔在年近40时，爱上了比自己小15岁的朱莉。1764到1776年的12年间，他们的同居生活成了公众关注的焦点。

一开始，侯爵夫人就强迫达朗贝尔做出选择。达朗贝尔选择了朱莉，朱莉则租下不远处一栋小楼里的两个楼层，开始了新生活。

不幸的是，朱莉得了严重的天花，在生死线上挣扎了40天，达朗贝尔守候在她身边，喂她吃饭并鼓励她，担负起了护理者、丈夫和忠实朋友的职责。在他的支持下，朱莉慢慢地康复了，虽然脸上留下的疤痕重创了她的外貌和虚荣心。

朱莉刚刚恢复了气力，达朗贝尔又病倒了，这次轮到她来照顾他了。达朗贝尔同样经历了九死一生，朱莉不遗余力地把他从死亡线上拉了回来。

XV

两人的亲密关系差不多持续了三年。随后，西班牙大使之子莫拉侯爵让她动情了，朱莉当时36岁，莫拉差不多比她年轻10岁，他不仅年轻英俊，而且有教养、聪明，接受启蒙精神，与朱莉一样富有激情。

当时所有的人都知道他们的恋情，唯独达朗贝尔被蒙在鼓里，他还为莫拉在巴黎知识分子圈子里的辉煌成就铺平了道路。

但莫拉患了肺结核，最终在1774年5月去世。莫拉还活着的时候，朱莉在生命中的最后三年又展开了对吉贝尔的强烈爱恋。吉贝尔是一个军人和作家，是贵妇杀手，他在遇到朱莉之前已经因为情场上的一系列征服而闻名，并将在之后征服更多的女人。他也比朱莉小10岁。

开始的时候，朱莉向吉贝尔敞开心扉，向他寻求因为莫拉日益恶化的健康给她带来痛苦的慰藉。吉贝尔也向她诉说自己对蒙梭日夫人的爱恋，这名世故的情人缺乏他在朱莉身上感受到的激情和悟性。

谈论爱情很容易变成谈情说爱。1774年2月10日晚上在歌剧院的包厢内，在音乐和压抑已久的爱意的推动下，朱莉接受了吉贝尔的求爱，成了他的情妇。

玛丽莲·亚隆在《法国人如何发明爱情：九百年来的激情与罗曼史》中写道：一年后的同一天，她在写给吉贝尔的信中表示："去年2月10日，那种毒药让我迷醉，至今还没有缓过劲来——最强烈和最甜蜜的快感与最大的不幸联系起来，这是什么样的命运安排啊！"

为什么她认为这段恋情既是毒药也是欢愉，因为在她的脑海中，自己和吉贝尔的欢愉和1774年5月莫拉的去世联系在一起，当时，莫拉正从西班牙返回法国，试图最后再见她一面。但当时的朱莉已经疯狂地爱上了吉贝尔，认为是自己背叛了莫拉，朱莉仿佛把全部的激情从莫拉身上转移到了吉贝尔的身上，虽然她从一开始就感觉到，吉贝尔永远不会像莫拉那样爱她。

1774年6月2日，在得知莫拉的死讯后，朱莉焚烧了吉贝尔的第一批来信，并试图服用过量鸦片自杀。由于很少有吉贝尔的其他来信留存，我们无法判断他的感情，但从朱莉所写的书信看，她在这场恋情中的投入显然要比吉贝尔的多。事实上，吉贝尔仍然不时光顾之前的某位情人，并在朱莉生命的最后一年娶了另一位情人。

达朗贝尔在其中扮演了什么角色呢？就像曾经无视朱莉对莫拉的激情那样，他也对朱莉和吉贝尔的恋情视而不见。他关心的主要是朱莉的健康，因为她不久之后也死于肺结核。达朗贝尔定期看望她，在病床边照料她，听候她的差遣，继续相信自己对她同样不可或缺。在世人眼里，他们仍是伴侣。

1776年5月23日，朱莉去世。第二天，朱莉被安葬在圣叙尔皮斯教堂。达朗贝尔后来看到了朱莉与莫拉的通信，撕心裂肺。庆幸的是，按照朱莉的指示，达朗贝尔将有着吉贝尔书信的小书桌原封不动地送给了吉贝尔。他不仅不知道朱莉与吉贝尔的关系，还写信告诉吉贝尔自己发现朱莉和莫拉有染，他写道："请同情我……我从来就不是她的最爱；我浪费了生命中的16年，现在我已经60岁了。真希望我在写下这些话的同时死去，让它们成为我的墓志铭……我失去了一切，死亡是唯一的出路。"①

① [美] 玛丽莲·亚隆：《法国人如何发明爱情：九百年来的激情与罗曼史》，王晨译，上海文艺出版社2016年版，第142页。

第三章

装饰艺术博物馆

中世纪工艺品装饰的灵感主要来自哥特式建筑，但文艺复兴绘画的巨大成功对于装饰的表现也有着巨大的影响，让其变得更加复杂与写实。此后，因为艺术家与王室贵族关系密切，许多古老的工艺得以重新使用，比如来自古罗马的细木镶嵌工艺：通过使用不同种类的木材的镶嵌和拼接，细木镶嵌工艺会产生令人惊叹的错视画法构图。

I

装饰艺术博物馆（Musée des Arts décoratifs）就在卢浮宫的一角，但这一角的常设展厅就有6000平方米，展品据说也有6000件。大概因为是冬季，参观者少且有不少地方没开放，但足够我们一饱眼福了。

我们之前参观卢浮宫的装饰艺术部门，感觉不太好，但这里就让人很舒服。这更坚定了我的看法，卢浮宫应该分拆（当然绝无可能），让每个艺术展品部门好好地展示自己。

可惜我对装饰艺术仍然在学习阶段，知其然不知其所以然，只能根据手边由瓦莱丽·布戈、马里亚姆·布杜勒等人编著的博物馆简介看一些展品。

先来看看约16世纪时法国的橡木雕刻衣橱和胡桃木雕刻的箱子。中世纪时，作坊的浅浮雕和熟铁折叶掩饰了组装木板的粗糙感，当时的箱子至关重要，有着多种用途，除了用于储存、运输主人的诸多财物，也可用作桌子，而且因为安装了牢固、精巧美观的锁，很是安全。箱子上是12幅《赫拉克勒斯的功绩》的图像，在当时的欧洲，人们熟知这位希腊大力神的丰功伟绩，统治者主要是用其象征自己的力量、权威，普通人则可能觉得故事本身有趣而精彩。继中世纪的哥特风格之后，这类有着文艺复兴风格装饰物的箱子在16世纪得到普遍使用。

《橡木雕刻衣橱》，法国，约1510年，装饰艺术博物馆藏

《胡桃木雕刻的箱子》，法国，约 1546 年，装饰艺术博物馆藏

与箱子风格相似的衣橱则比较罕见，当时的餐具柜或碗碟橱的使用更加广泛，餐具柜上以垂直排列的方式放置了主人大量的金制、银制、镀金和镀银的餐盘，供人鉴赏。

Ⅱ

中世纪时期的卧室对贵族而言，既是起居室也是接待室，高贵的主人往往会躺在床上接待客人，夜晚几个人挤在一张床上取暖，如果被邀请则是无上的荣耀。

装饰艺术博物馆再现了法国15世纪末的宫廷贵族里果特·杜尔雷莱的城堡中的卧室，它有着那个时代的特色：用于储藏的箱子和餐具柜、凳子和长椅；挂毯出产于佛兰德斯的阿拉斯，那里是欧洲编织品的主要出口地。挂毯的主题很典型，描绘的是《玫瑰传奇》里宫廷气派的场景。

《里果特·杜尔雷莱城堡中的卧室》，约 1480 年，装饰艺术博物馆藏

卧室内有意大利产的马略尔卡陶器，这种陶器产于西班牙的莫尔帝国，经由马略尔卡岛销往各地。

除了马略尔卡陶器，产于意大利拉韦纳附近的彩陶标志着中世纪的欧洲迎来了陶器的鼎盛时代。这是一种可以让艺术家和工匠绘上各种色彩画作的陶器，装饰艺术博物馆就收藏了一件佛罗伦萨的布利奥尼作坊制作的彩陶祭坛《哀悼基督》。意大利也统治着欧洲的玻璃工业，如来自威尼斯馆藏的16世纪晚期吹制的高脚镀金玻璃杯。

在1200年前后，法国中南部城市利摩日掀起了一股生产饰有镂刻珐琅或宝石的宗教金银器的热潮并出口至欧洲各地，来自塞雷亚克墓地的有两根横木的十字架便是一个很好的例子。

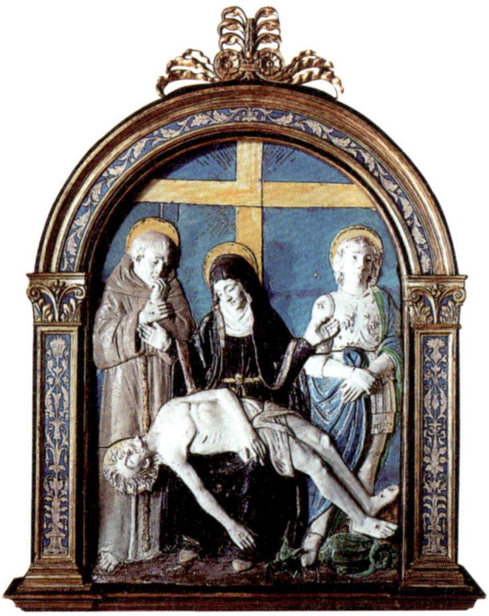

《哀悼基督》，布利奥尼作坊制作，佛罗伦萨，约1520年，装饰艺术博物馆藏

《有两根横木的十字架》，利摩日，约1250年，装饰艺术博物馆藏

Ⅲ

虽然中世纪工艺品装饰的灵感主要来自哥特式建筑，但文艺复兴绘画的巨大成功对于装饰的表现也有着巨大的影响，让其变得更加复杂与写实。此后，因为艺术家与王室贵族关系密切，可以让工匠接受以往不同时代的审美风格，许多古老的工艺得以重新使用，比如来自古罗马的细木镶嵌工艺：通过使用不同种类的木材的镶嵌和拼接，细木镶嵌工艺会产生令人惊叹的错视画法构图。

在欧洲大教堂的唱诗班座椅上，我们经常会看见装饰艺术博物馆收藏的细木镶嵌工艺镶板（15世纪末—16世纪初），其材料为杨木（或椴木）以及樱桃木、橡木。

《细木镶嵌工艺的镶板》，15 世纪末—16 世纪初，装饰艺术博物馆藏

《保罗的故事》，德瑞克·科莱贝斯与其作坊制作，莱顿，1543 年，装饰艺术博物馆藏

这种工艺充分显现出透视的魅力，后来也体现在起源于莱顿的彩色玻璃窗上，如《保罗的故事》。

虽然文艺复兴时期的审美影响了家具装饰的风格，但工艺没怎么发展，16世纪的威尼斯矮木椅是一种笨重、有细长带花纹靠背的椅子，融合了叶形和精美人物图案的装饰，十分奢华。

《矮木椅》，威尼斯，16 世纪，
装饰艺术博物馆藏

《双层衣橱》，符腾堡，约 1620 年，
装饰艺术博物馆藏

Ⅳ

法国路易十四时期的艺术家和工匠们勤勤恳恳地遵守强制体现平衡与权威的规则，这正是那个时代的风格：一个辐射至全世界并反映太阳王耀眼光芒的强势形象。古人森严的秩序得到了当时人们的认同，建筑物正面的底部到顶端雄伟地屹立着圆柱和壁柱，并影响到绘画和家具。

当时的衣橱和餐柜同样反映了秩序和对称的严格，但也有包括黄金在内的大量装饰品，如17世纪初符腾堡的双层衣橱的外观构造呈现的“古典建筑”风格，各种图案则弥补了这些朴实的直角线条。

到了路易十五时代，最具代表性的风格是洛可可艺术，它摆脱了路易十四风格的约束，其线条看上去很有生气。私人委托的宫廷仪式的家具的需求量开始大量减少，开始转向实用性，室内装饰有了横跨多种风格的新重点。这一时期实用性家具饰品大增，正如装饰艺术博物馆的这件银制枝形烛台：烛台杆缠绕式上升，变形的线条与瀑布般的鲜花盘绕着整个烛台，起到涡形花样的效果。这种活力与不对称结合的装饰物风格很快渗透到其他艺术领域，比如家具和陶器。“小型船形调味汁碟”便是一个很好的例子：调味汁碟有四只上下颠倒的脚，由一小群浅浮雕形式的鱼和贝壳组成的把手突出了调味汁碟盖子的波浪形状。这样的风格吸引了法国以外的很多仿效者，装饰艺术博物馆收藏的18世纪后半叶制作的威尼斯五斗柜上波浪起伏的曲线和美妙的飞檐就证明了这一点。

1665年，让·纽荷夫在游览中国之后编著了《荷兰东印度公司使节团访华纪实》，这本有着大量插图的著作为欧洲创

《银制枝形烛台》，克劳德·杜维维尔根据朱斯特·奥莱勒·梅索尼耶的作品创作，巴黎，1734—1735年，装饰艺术博物馆藏

《小型船形调味汁碟》，罗伯特工坊制作，马赛，18世纪后半叶，装饰艺术博物馆藏

作具有中式装饰风格的物品提供了无穷无尽的灵感。路易十六统治时期，人们对古老物品和“异国风情”（这个词直到19世纪才出现）的欣赏占主导地位，人们对来自东方的物品的喜爱自13世纪便已出现，之后随着贸易的发展，对之借鉴的工艺也日渐复杂，人们引进日本漆和中国生漆，然后仿造，商人们负责推销这些物品（哲学家狄德罗嘲弄地称呼这些巴黎的商贩为“售卖一切却什么都不会做的商人”[①]）。衣柜需要上过漆的镶板，镶上和画作一样的边框。路易十五的情人蓬巴杜夫人分别向细木工

《涂蓝色和金色漆的小写字桌》，
阿德里安－法泽罗·德洛姆&埃蒂安－西蒙·马丁，1749—1750年，
装饰艺术博物馆藏

阿德里安–法泽罗·德洛姆和埃蒂安–西蒙·马丁订购了装饰艺术博物馆的涂蓝色和金色漆的小写字桌。马丁用自己的姓为他和他的兄弟一起发明的漆命名。他们首先把几页纸黏在家具上，然后放在高温炉里硬化，之后再描画，最后涂上树脂，用阿拉伯树胶上釉，这样便产生了漆的效果。

V

路易十五时期的巴黎是细木匠大师创造性天赋和精湛技艺的全盛时期，更硬的木材和新工具的出现让妨碍座椅腿的笨重的托架和横档消失了。弯曲

---

① Valérie Bougault and Myriam Boutoulle(2006), *Musée des Arts décoratifs*, Paris: Connaissance des Arts, P.28.

椅腿的发明、框架和椅架的新形式，不仅给座椅的整个外观增加了光彩，也与大量的幻想和典雅格调的追求密切相关，不管是采用雕刻、镀金、用丝绸覆盖、涂清漆、涂生漆还是着色的方式，座椅的网状编织都是为了彻底变革室内装饰的传统。

非常坚固、比丝绸和座椅套更为划算的藤条开始普及，藤条座椅搬运方便，座椅的主人再也不需要随季节更换椅套。另一项发明是既舒适又便于携带的蓬式扶手椅，之后又出现了安乐椅，这种深而低的女士扶手椅对于上流社会的妇女而言非常舒适，哪怕她们穿着带裙撑的笨重的连衣裙。另一件珍品是一张新颖的用藤条装饰的梳妆椅，又称梳头椅，所谓的藤条其实是防水防污的藤皮。梳妆椅的弧形椅背方便女士梳理长发，同时也方便人们固定假

《蓬式扶手椅》，巴黎，约1730年，装饰艺术博物馆藏

《梳妆椅》（又名《梳头椅》），法国，约1750—1760年，装饰艺术博物馆藏

发，故意夸大的心形椅背优雅地掩饰了这一实用品的外观。

Ⅵ

在8到9世纪中国就发明了硬质瓷。13世纪，马可·波罗回欧洲的时候带回了很多这种精致、半透明的瓷器，让欧洲的君王、贵人和富人们羡慕不已。达·伽马在15世纪开辟了通往（东）印度群岛的航线，在接下来的一个世纪里，葡萄牙人、荷兰人、英国人和法国人都竞相争夺海洋霸权以及远东贸易的控制权。进口中国瓷的业务开始兴起，但是中国人妥善保护着自己的制造秘方。软质瓷得到开发，在佛罗伦萨专供于美第奇王朝，在法国则专供给国王。直到1709年，德国的萨克森王国才偶然发现了高岭土以及硬质瓷的配方，梅森成为欧洲第一家硬质瓷工坊，在全世界赢得名望。但竞争一直存在，在法国的利摩日地区也发现了高岭土，独家出售给塞夫勒皇家瓷厂，这家瓷厂在1769年制造出首批瓷器，随后，法国的不少地区都能制造瓷器了。

18世纪，金银器工艺在欧洲极其繁荣，金匠银匠协会（也包括珠宝匠）仅仅在巴黎就有2000多名活跃的成员。尽管如此，1260年前后开始成立的行会却具有严格的限制性，学徒期非常漫长且没有充足的资金，物件的制造需要一系列的检查才能获得官方的许可标识——每位金银匠特有的“商标”印章、表明物品制作日期的行会印章以及贵重金属制品上证明税款已支付或未付的“应付”和“已付”印章。

因为战争需要，路易十四熔化了许多银制餐具，路易十五又恢复了这些餐具，其中一些餐具上雕刻着人物图案、古代的场景、田园和狩猎场景以及类似的场景。法国工匠出众的创造力赢得了欧洲各位君主的赞赏，俄国女皇叶卡捷琳娜二世就收藏了法国大师制作的最精美的金银器餐具。

装饰艺术博物馆藏品

1.

2.

3.

1.《带盖碗和茶碟》，塞夫勒皇家瓷厂制作，1770 年，装饰艺术博物馆藏

2.《碗与茶碟》，让－克劳德·杜普莱西斯，约 1757 年，装饰艺术博物馆藏

3.《大口水壶和托盆》，雷蒙德·文萨克，1775 年，装饰艺术博物馆藏

Ⅶ

接下来是巴黎的塔莱克拉宅邸客厅（Le salon de l'hôtel de Talairac）和塞尔宅邸客厅（Le salon de l'hôtel de Serres）。

1738和1748年，人们在意大利那不勒斯发现了被火山灰埋葬的古罗马遗址赫库兰尼姆和庞贝之后，关于这些遗址的室内装饰的版画与描述迅速传播开来，在18世纪末期的欧洲引发了新古典主义风格。装饰艺术博物馆的塔莱克拉客厅里1790年前后制作的木制品和镶板体现出人们对古代装饰风格的兴趣。有翼的狮身人面像、棕叶饰、狮身鹰首装饰以及叶状涡卷形饰都展现在对称、成直线的青铜绿和黄色深浅不一的花环里，客厅的整体风格与热闹的巴洛克风格截然不同。

《塔莱拉克宅邸客厅》，巴黎，
约 1790 年，装饰艺术博物馆藏

《塞尔宅邸客厅》，巴黎，
约 1795—1800 年，装饰艺术博物馆藏

源于路易十六时期的塞尔宅邸客厅使用了与塔莱拉克客厅相同的装饰：有庞贝风格的粉饰灰泥镶板、韦奇伍德蓝底上的着色象牙、柱顶以及独立式圆柱，都让人回想起古代的神庙。最显眼的是壁炉上的古罗马维斯塔贞女造型的钟，这座钟之前放置于路易十六的王后玛丽－安托内特在杜乐丽宫的盥洗室内。贞女外形的灵感来自画家休伯特·罗伯特创作的一幅版画：身穿古代服饰、头发用宽头带固定的贞女抬着用布覆盖的担架，燃烧着圣火的瓷制祭坛的底部放着一碗祭品，掌管天文的缪斯乌拉妮娅和掌管历史的缪斯克利欧雕刻在有枝叶涡卷形饰和奇形怪状物体的庞贝城装饰物上，瓷板来自塞夫勒瓷厂，青铜器则由王后最爱的青铜器工匠托米尔制造。

《维斯塔贞女造型钟》，皮埃尔－菲利普·托米尔 & 塞夫勒瓷厂，
1788 年，装饰艺术博物馆藏

Ⅷ

从1804年拿破仑加冕到1814年遭到放逐，帝国复辟时期虽然短暂，但对于法国装饰艺术而言，却是硕果累累的时期。帝国风格作为具有政治性的新古典主义革命的继承人，引入了颂扬君主的符号和形式。帝国风格的美学严谨、有力且理性，这可以从克劳德·奥迪欧制作的依然具有帝国风格的装饰艺术上看出来。奥迪欧是这一时期的著名金匠，总的来说，奢侈品行业得益于法国为诸多宫殿和城堡安排的委托以及新兴统治阶级的需求，在革命年代的危机过后再次振兴。

《荷兰银行家威廉·霍普的卧室》，1935 年，巴黎市捐赠，装饰艺术博物馆藏

19世纪以工业发展为标志的欧洲生产了大量装饰丰富的物品，波尔多公爵是未来王位的觊觎者，他幼时的摇篮是金匠丹尼埃、马特林与木匠雷蒙共同制作的。这张摇篮揭示了写实表达和曲线的回归，抛弃红木而改用稍轻一点的木材，预示着新古典主义的衰落。摇篮曾在1819年的工业博览会上展出。

《波尔多公爵幼时的摇篮》，木匠菲利克斯·雷蒙 & 金匠让－弗朗索瓦·丹尼埃和弗朗索瓦－托马斯·马特林制作，巴黎，1819 年，装饰艺术博物馆藏

巴卡拉在18世纪末发明的人造水晶完善了法国的玻璃制作技术，也促进了乳白玻璃的生产。装饰艺术博物馆的一套19世纪饰有拉方丹寓言故事的浮雕图案的玻璃水杯就是为了满足一位中产阶级顾客对华丽外观的喜好而制作的。

1838年在巴黎的荷兰银行家威廉·霍普的卧室有着新文艺复兴时期的审美趣味，表现在彩色木制品上——划分成多个隔间的镶板被细长华丽的壁柱分隔开，最重要的是被兼作展示盛装打扮的人物画廊的矮墙分隔开，卧室内还有一把深色梨木镶边的扶手椅，带有新哥特式风格。

装饰艺术博物馆内收藏有巴黎交际花瓦尔蒂丝的床，装饰精巧，法国作家左拉的小说《娜娜》就是受她的启发而作。

《巴黎交际花瓦尔蒂丝的床》，约 1875 年，装饰艺术博物馆藏

《夏尔·吉洛的餐厅》，欧仁·格拉塞设计，1880 年，装饰艺术博物馆藏

Ⅸ

生于瑞士的多才多艺的艺术家欧仁·格拉塞是新艺术运动乃至象征主义运动的开创者之一。1880年前后，应出版商兼收藏家朋友夏尔·吉洛的邀请，格拉塞设计了巴黎连栋房屋的家具装饰。博物馆内陈设的是其餐厅，里面的装饰物结合了花朵、天马行空的几何图案，并且保持了一定的折中主义。宏伟的壁炉对面放着一张桌子和两个顶部装饰着一对大笑的面具、引人注目的墙架，这两个墙架是吉洛的女儿委托制作的。

在1878年的世界博览会上，雕塑家让·卡瑞斯（Jean Carriès，1855—1894年）发现日本粗陶器是自己最喜爱的工艺品，1887年，卡瑞斯接管了查普列特位于巴黎的工坊，为了模仿亚洲的模具以及赋予这些模具新的花样，工坊使用了泛红的棕红色（铜红色）与有裂纹的清漆。

1886—1887年，查普列特与后印象画派画家保罗·高更共事，高更当时正在创造极大胆的雕刻瓶饰，他们推动瓶饰成为前卫艺术家的创作运动。这些新艺术运动风格的瓶饰有着有机感的外形且常常作为独特的家具而制作，但也会用上金属，例如盖拉德就用镶银的铸铁描绘了一朵花的图案以及重现金银镶花的工艺。浮雕、有立体感的形式以及形成鲜明对比的色彩和材料更受陶瓷家的偏爱，特别是在玻璃制品上，因为在它上面能感觉得到光线的摇曳。

博物馆还有著名陶瓷家加莱的海马造型的花瓶，加莱经雕刻和雕琢，创造出的独特的效果。

《梅瓶》，
恩内斯特·查普列特，
1889 年，装饰艺术博物馆藏

《花瓶》，
卢西恩·盖拉德，
1900 年，装饰艺术博物馆藏

《海马造型的花瓶》，
埃米尔·加莱，
1901 年，装饰艺术博物馆藏

X

新艺术运动因其有力而蜿蜒的像“鞭绳”般的线条以及对植物巧妙而富有创意的阐释而著名，新艺术运动同时也扎根于象征主义与瓦格纳音乐创作理论，这一点从夏邦杰的乐谱架上可以看出来。

新艺术运动赢得了来自工商业的中产阶级客户的支持，例如吉玛德建造且修复了富商诺萨尔的宅邸。这栋大楼位于巴黎16区，这是一处新街区，装饰艺术博物馆从这座宅邸购买了一张令人印象深刻的床，它体现了比利时建筑师霍塔对新艺术运动的影响。我在比利时布鲁塞尔走读时很留意霍塔的新艺术作品。

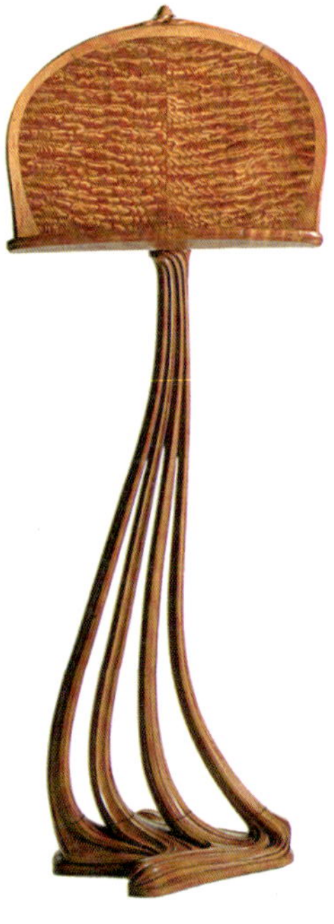

《夏邦杰的乐谱架》，巴黎，1901 年，装饰艺术博物馆藏

《有十二盏灯的枝形吊灯》，埃米尔·加莱，1904 年，装饰艺术博物馆藏

《来自诺萨尔宅邸的床》，维克多·霍塔，装饰艺术博物馆藏

当然，新艺术运动的真正发源地和创新中心还是法国的巴黎和南锡。

前面提到的新艺术陶瓷家加莱也为汉农宅邸里的餐厅制作过家具，如博物馆收藏的有十二盏灯的枝形吊灯。

和诺萨尔的住宅一样，这套家具制作于1900年之后。

人们通常认为新艺术运动最有趣的作品是在19世纪最后的10年制造的。事实上，这种经常受到当时媒体蔑视的风格的传播在法国可谓是一个相当缓慢的进程，新艺术风格仅仅是在20世纪的最初几年才走向成熟的潮流。

XI

1920年，让娜·朗雯委托阿尔伯特·拉多设计自己宅邸的室内装饰，拉多避开了1920年代主要的流行趋势，他深受庞贝之旅的影响，并且与朗雯一样喜爱再现历史和古代的图案。卧室里悬挂着“朗雯蓝”人造丝绸，这种丝绸的灵感来自意大利原始主义画家，并且用白色丝绸和银线绣着棕榈叶、玫瑰结和雏菊图案。这一图案沿着壁脚板和门四周循环出现在雕刻形式的拱形上。

门的手柄是安装在镂刻青铜上的水晶书镇，盥洗室里最突出的则是大理石、粉饰灰泥和有光泽的古青铜器，以及用一块意大利锡耶纳产的大理石雕凿而成的椭圆形浴缸，浴缸上装着雉鸡、雏菊和松果形状的水龙头，顶上还装有保罗·普吕梅制作的浅浮雕，地上铺着同样来自锡耶纳的黑白黄相间的大理石。

小客厅是阳台和卧室之间的过渡，用玻璃与卧室隔开，可以算得上是一处安静的空间，非常适合沉思。展示柜安置在锡耶纳大理石制成的圆柱之间，顶部装有刻着加勒比岛的雉鸡、松鼠和鸟类图案的粉饰灰泥镶板。

《让娜·朗雯的卧室》，阿尔芒－阿尔伯特·拉多，1924—1925年，装饰艺术博物馆藏

《让娜·朗雯的盥洗室》，阿尔芒－阿尔伯特·拉多，1924—1925年，装饰艺术博物馆藏

《让娜·朗雯的小客厅》，阿尔芒－阿尔伯特·拉多，1924—1925年，装饰艺术博物馆藏

1919年，建筑师路易·苏与画家安德烈·马雷（André Mare，1885—1932年）创立了法国艺术公司，从而将画家和雕塑家聚在一起，分享彼此对艺术的装饰性应用的兴趣。1920—1921年为皮埃尔·吉罗德夫妇布置的餐厅体现了传统与现代性完美的融合，涂成黑色的镶黄檀木与红木薄板的木制品、天花板上的灯光、门上方由保罗·维拉用镀金粉饰灰泥制作的分别代表"夏日"和"秋日"的浮雕，一个带有两个水池和一张怪异面具的镀金青铜喷泉，由毛边胡桃木制作的深色、沉重的家具，其中包括一张追求物质享受的带架子的餐具柜，还有一张桌案，而桌案的曲度预示着艺术装饰风格的节制。

这种风格是"回顾昔日的荣耀"的新古典主义，"虽然有点不好看，但很严肃、合乎逻辑和受欢迎"。[①]

《皮埃尔·吉罗德夫妇的餐厅》，
路易·苏 & 安德烈·马雷设计，1920—1921年，装饰艺术博物馆藏

① Valérie Bougault and Myriam Boutoulle(2006), *Musée des Arts décoratifs*, Paris: Connaissance des Arts, P.52.

XII

20世纪艺术装饰风格的艺术家重新使用镶面和镶嵌细工的工艺，更加偏爱暗色调的木材，而这些木材偶尔装饰着有异国情调且珍贵的材料：象牙、珍珠母、巨蟒鲨革和羊皮纸。

室内设计师艾米尔－贾奎斯·鲁尔曼继续坚定地沿袭18世纪的优良传统，在博物馆收藏的这张大使桌的设计图上不难辨认出他的优雅风格。大使桌由带象牙镶嵌物的乌木饰面薄板制成，鲁尔曼特别喜欢制作这张桌子的材料。

另一张非洲椅体现出立体主义与非洲艺术的崇拜者皮埃尔·勒格兰作品的典型特点，他从一位彭代首领的椅子上获得了灵感，彭代当时属于比属刚果。

法国装饰艺术家协会在1925年参加国际装饰艺术展的时候，选择“法国大使馆”作为其规划，建筑师兼室内装饰设计师皮埃尔·查里奥作为立体主义派画家的好友，接到了设计办公室兼藏书室的委托。查里奥提出的大胆想法是设计一间覆盖着棕榈木镶板和书架的圆形房间，房间中心处让·吕萨

《大使桌》，艾米尔－贾奎斯·鲁尔曼，1923年，装饰艺术博物馆藏

《非洲椅》，皮埃尔·勒格兰，1924年，装饰艺术博物馆藏

设计的地毯上放着一张桌子和配套的椅子，房间的墙壁可以滑动，顶部是一个圆屋顶。房屋里女士使用的卧室是安德烈・葛胡用和谐的粉色和灰色设计的，葛胡在一个角落放了一张拟人化的小衣橱，他自称小衣橱为“弯曲得达到有伤风化的地步”。[1]

《大使的办公室 / 藏书室》，

皮埃尔・查里奥设计，1925 年，装饰艺术博物馆藏

① Valérie Bougault and Myriam Boutoulle(2006), *Musée des Arts décoratifs*, Paris: Connaissance des Arts, P.54.

XIII

在1928年的沙龙展上，独具匠心的室内装饰设计师摆脱了装饰性立体主义的束缚，转而专注于金属家具和座椅，他们试图用镀铬钢管、刚硬而灵活的框架、铝合金管、铜锌片等金属来取代木材，这让家具的生产变得工业化，相应地也让艺术装饰风格大众化。

1926年左右，一位在巴黎定居并着手制作漆器的年轻女子艾琳·格雷制作出首批用钢管制的家具，其中在她自己屋子里的梳妆台最具代表性。

对于罗伯特·马莱-史蒂文斯而言，金属这种新材料让他找到了追求抽象化的路子，这一点可以从他由一张方桌和两个箱子组成的个人书桌上看出来：镀镍或涂漆的管状金属、涂漆金属和黄褐色的皮革。

在1937年的艺术与技术国际展上，功能主义的拥护者与装饰性传统的支持者针锋相对。现代艺术联盟（UAM）的展出馆提倡工业化生产和大量生产的便宜家具；建筑师勒内·库隆展示了开创性的用弯曲玻璃板组成的扶手和椅背的座椅模型；与此同时，安德烈·埃尔芒展出了一张用工业材料（玻璃与弯曲的金属）制作的长桌原型。

《梳妆台》，艾琳·格雷，1928—1929年，装饰艺术博物馆藏

1.

2.

3.

4.

1.《书桌》，罗伯特·马莱－史蒂文斯，约 1928 年，装饰艺术博物馆藏

2.《扶手椅》，勒内·库隆，1938 年，装饰艺术博物馆藏

3.《床》，安德烈·亚布斯，约 1937 年，装饰艺术博物馆藏

4.《球形沙发》，让·鲁瓦埃，1947 年，装饰艺术博物馆藏

与此相反，室内装饰设计师艺术家协会的展出馆更偏爱用传统方法制作的产品、奢侈品家具、独特的家具和限量版产品。安德烈·亚布斯这位老手展示了几件用精致材料制成的有线条的家具，家具上的线条时而柔顺优雅，时而严谨有条理。

让·鲁瓦埃主要使用传统技术制作家具，然而他也在用管状金属和有孔的金属板制成的椅子上凸显出很强的独创性。战后的几年内，这位机智但非正统的设计师展示了许多巧妙的创新：仿毛皮、一张覆有长毛天鹅绒的大沙发和藤蔓植物造型的电线等。

装饰艺术博物馆的展品一直持续到2000年，有些展品置放在具体的环境内，比如将古典与现代的家具混搭，很有韵味，这些很前卫的概念艺术多少减轻了历史的沉重感。

第四章

雅克马尔－安德烈博物馆

雅克马尔－安德烈博物馆来自爱德华·安德烈与奈莉·雅克马尔夫妇的宅邸和收藏。安德烈家族几代人都展现出了对艺术的挚爱，他们在位于法国尼斯的家族宅邸中精心设计了一座藏书馆，内有大量典藏以及众多当地的知名绘画作品。安德烈早年即开始收藏，他拥有真正收藏家的开明思想、好奇心与求知欲，当时的皇家贵族与著名鉴赏家莫尼公爵成为安德烈的导师。

I

那天我们冒着大雪去了迪士尼乐园附近的直营店，下午回到巴黎，设计师瓦莱丽建议我们去看一下雅克马尔－安德烈博物馆（Musée Jacquemart-André）。

这家博物馆，来自一对夫妻爱德华·安德烈与奈莉·雅克马尔的宅邸和收藏。

男主人安德烈出生于法国尼斯的一个显赫家庭，承载着两个家族的传统，一个家族所信奉的是新教众多教派中的一小支；另一个家族世代从事银行业务。可以这么说，正是通过银行业务，安德烈家族积累起了几乎可以媲美罗斯柴尔德家族的财富。在法兰西第二帝国时期，家族建立的安德烈银行

雅克马尔－安德烈博物馆

在当时被看作是权势的象征，安德烈的伯父甚至还担任过法国央行的总裁，安德烈自己也融入皇帝拿破仑三世时的上流社会，他成功加入高级赛马俱乐部，在巴黎歌剧院拥有属于自己的包厢，他的名字多次出现在各种上流社会的名人传记中。

1864年父亲辞世后，安德烈结束了军旅生涯，转而为家族掌控的嘉德地方议会选举区工作。安德烈对这份工作似乎并不是很感兴趣。后来，由于法国军队在色当战败，拿破仑三世被迫退位，法兰西第二帝国就此一蹶不振，安德烈短暂的政治生涯也在1870年宣告结束。

安德烈所熟悉的世界与生活环境就这样突然崩塌了，这是一个曾经伴随着自己成长、建立人脉交际圈、打造个人价值观与生活方式的世界。1872年，安德烈选择了一条自己真正向往的职业之路——投身于艺术事业。

安德烈家族几代人都展现出了对艺术的挚爱，他们在位于法国尼斯的家族宅邸中精心设计了一座藏书馆，内有大量典藏以及众多当地的知名绘画作品。安德烈早年即开始收藏，他拥有真正收藏家的开明思想、好奇心与求知欲，当时的皇家贵族与著名鉴赏家莫尼公爵成为安德烈的导师。

Ⅱ

1872年，安德烈当选为法国装饰艺术协会（前身）的董事会成员，他和英国收藏家、慈善家理查德·华莱士建议要打造一个专属优质艺术品的百科全书式的收藏馆，收藏纺织艺术、家居品和铁制艺术品，并且从长期角度考虑，建成一座兼顾艺术收藏与供专业人士研究的装饰艺术博物馆。

他们都在争取建造新的巴黎装饰博物馆，可惜所处的时代并不理想，建造新的博物馆需要政府大量斥资，而政府对于这种倡议的支持往往踌躇不定，这也是华莱士和安德烈两人后来都决定在自己的宅邸建设博物馆，向大众展示不同于法国传统的博物馆的原因。

其实，早在1868年，爱德华·安德烈在为后人所熟知的奥斯曼大街购买了土地，并聘请了著名的建筑师亨利·帕朗进行设计。这座博物馆最为重要的设计思路是，博物馆必须有面积足够大的接待区以确保能够容纳大量游客，而且，它必须像一座大剧院般令人叹为观止，钦佩万分。

Ⅲ

1872年，年轻时髦的艺术家奈莉·雅克马尔为安德烈创作了一幅肖像画，展现的是他身穿平民服饰，沉思但坚毅果敢的形象。9年后，他们喜结连理。奈莉是安德烈梦寐以求的伴侣与支持者，健康每况愈下的安德烈虽然尚能勾画心中的乌托邦（博物馆的打造与艺术收藏），其实已经深感力不从心。当奈莉在一旁陪伴他时，他再一次找回了自己的激情与决心，跟随着内心强大的洞察力之指引而前进。

据奈莉的好友回忆，奈莉生性坚定果敢，勇于向命运挑战，扬名立万。起初，出身并不高贵的奈莉被夏利酒庄主瓦特里夫人收留，后来奈莉通过自己的努力，凭借所作肖像画等绘画作品而小有名气，而安德烈的求婚正是她非常满意的选择，标志着奈莉向着社会认可踏出了第一步。两人举办了婚礼，安德烈家族对他们的结合非常满意，因为长久以来，家族一直期盼着健康状况堪忧的安德烈能得到悉心的照料。这名年轻的女画家摇身一变，成了安德烈夫人。奈莉放下了手下的画笔，开始全身心地协助丈夫的工作，并安排各种出行计划。博物馆大厅的布置与装饰耗费了约10年时间，在此期间，奈莉从没缺席过一场会议，从不间断地在与设计师、承包人和供应商交涉沟通，表现出一种不妥协和严格的性格，以确保实现最理想的结果。即便是安德烈离世，他的计划仍能有效地执行，很重要的一个原因是奈莉那钢铁般的意志。

奈莉所扮演的角色并非仅此而已，在他们婚后的第二年，奈莉建议丈夫把他们宅邸原本空无一物的底层打造成一个意大利博物馆。奈莉对文艺复兴时期的大师诸如米开朗基罗和拉斐尔并不感兴趣，最初她抉择的依据是古董商的建议。和丈夫不同，奈莉从来不去拍卖行。

安德烈于1894年去世，奈莉于1912年离世。1913年，博物馆向大众开放了绘画与雕塑作品。直到当代，人们才真正关注博物馆的家具藏品，认为它们体现了法国历史时期的特点和艺术创造力。

Ⅳ

我们走进安德烈博物馆，先看底层的美术画廊。1881年，也就是安德烈结婚的那一年，他已经拥有了30多幅出自法国18世纪的画作。我们首先看到的是两幅最知名的作品——静物大师夏尔丹1731年创作的《科学的寓言》和《艺术的寓言》，它们是在法国一处近乎遗弃的小村庄里被发现的。

《科学的寓言》一方面借助诸如洛可可香炉与日本花瓶等时尚前沿的物件展现出一种文雅高尚与奢华之风，另一方面则是显微镜、精美的绿框望远镜和地球仪等科学仪器，两者不同的风格形成鲜明的对比。

而《艺术的寓言》里的一只小猴子手拿画笔尝试作画，似乎想旁敲侧击般地向观众暗示什么。

另两幅作品则是18世纪的法国大师弗朗索瓦·布歇绘制的维纳斯裸体画，将女子的肌肤与褶皱的织物互相映衬，这是他一贯的风格。

《科学的寓言》，夏尔丹，1731 年，雅克马尔－安德烈博物馆藏

《艺术的寓言》，夏尔丹，1731 年，雅克马尔－安德烈博物馆藏

《维纳斯的盥洗室》，弗朗索瓦·布歇，1738 年，雅克马尔－安德烈博物馆藏

《沉睡的维纳斯》，弗朗索瓦·布歇，1738 年，雅克马尔－安德烈博物馆藏

安德烈在1889年一次赴华沙的旅途中从波托茨卡伯爵夫人处购入上面的这些作品。

作为曾经是肖像画家的女主人，奈莉收藏的两幅最精美高雅的贵族肖像画也毫不意外地悬挂在墙上。

V

位于底层中央的是一个圆形大厅，沿袭了18世纪盛行的富丽堂皇之风。

从大厅左拐，第一间是壁毯收藏室，其中最著名的是由法国博韦皇家手工工厂生产的“俄罗斯游戏”（1767—1770年），图案则基于勒普林斯所设计的底图。勒普林斯长期周游芬兰、立陶宛和俄国等地，他带来的“俄国艺术风格”的艺术品给当时法国艺术界盛行的“中国风”提供了新的选择。这些挂毯是安德烈最早的收藏品，在豪宅建成前购入。

接下来的房间与其说是一间风格简朴的书房，不如说是让人回想起洛可可时期的女性卧室。屋内的扁平长桌以及小柜子都涂上正宗的中式清漆，角落里还有一对见证了1740年代法国追崇“中国风情”的小家具。

在路易十六时代奢华的小型陈列室内，至少有两幅作品值得一看。法国帝国时期的名家大卫的《安托万伯爵肖像》作于1811年，画中人是国务顾问，身着18世纪的服装，举止庄严，观众很容易被作品中所蕴含的力量所折服。另一幅是女画家伊丽莎白·露易丝·维杰–勒布伦创作的《伯爵夫人卡特琳娜像》，勒布伦本人就是一个极有魅力的女子，卢浮宫内也有其代表作。这位伯爵夫人曾是女沙皇卡特琳娜二世的伴娘和俄国驻那不勒斯使节的妻子。据说，伯爵夫人的形象如天使般美丽温柔，但与她对话则非常“可怖”。

底层中央的圆形大厅与壁毯收藏室

风格简朴的书房与奢华的小型陈列室

《安托万伯爵肖像》，雅克－路易·大卫，1811年，雅克马尔－安德烈博物馆藏

《伯爵夫人卡特琳娜像》，勒布伦，1790年，雅克马尔－安德烈博物馆藏

左面走廊的尽头是藏书房，是由奈莉的卧室改造而成，正是在这间藏书房中，安德烈夫妇一边查阅大量的艺术类典籍与收藏名录，一边商讨着未来的收藏计划。我前面提到过，与安德烈喜欢通过拍卖行获得藏品不同，奈莉更愿意从古玩商那里购买她认为重要的古董。对于从海外购得的古董，奈莉坚持认为，如果经过权威鉴定发现所购古董存在并非真迹的嫌疑，则必须退回所购的古董。

在1887年的一次号称是德拉罗比亚陶器的交易中，奈莉曾这样说道："如果不是这样，我绝不会和任何古董商交易。"奈莉的这种强势态度固然

左面走廊尽头的藏书房

有咄咄逼人的一面，但也给人留下了深刻的印象。由于担心失去客户，位于佛罗伦萨、威尼斯、米兰、马德里、安特卫普、海牙与阿姆斯特丹等大城市的主要古董商都不得不向奈莉妥协。

藏书馆中悬挂着伦勃朗与安东尼·凡·戴克的各自三幅作品，体现出安德烈对佛兰德斯（比利时）与荷兰画作的偏爱。屋内由大师精心设计的带抽屉的小橱柜用优质乌木与红木打造，再加上铜与白镴的镶嵌细工之装饰点缀，是路易十四送给他的情人丰唐热夫人的礼物，非常稀有。

我们前面提到的拿破仑三世的同宗兄弟莫尼公爵也是一名杰出的收藏家，他对安德烈产生了影响，让安德烈热衷于把不同风格的作品融入自己的收藏中，如知名人物和来源比较知名的作品，比如收藏室中的这幅《以马件斯的朝圣者》可以说是安德烈藏品中的一颗璀璨的明珠，价值连城。画中，伦勃朗首次尝试了明暗对照的手法，这种手法后来为他带来了声誉。与将光线集中在耶稣身上以凸显其神圣的传统表现手法不同，伦勃朗反其道而行之，让耶稣在隐约显现的、好似沐浴着金光的墙壁之衬托下，以略显黯淡的身影的形式展现在观众的面前。

《以马仵斯的朝圣者》，伦勃朗，1628 年，雅克马尔－安德烈博物馆藏

Ⅵ

我们往回走，再次感受圆形大厅的辉煌与奢华后，往右进入音乐厅，人们一定会感叹房间的高度，就是在这里，安德烈为朋友们表演手风琴弹奏，他演奏的乐器也出自名家之手，邀请的宾客中有众多巴黎学派的作曲家。

作为一名富有激情的音乐爱好者，奈莉不但在巴黎音乐学院拥有音乐会季票，还在那里拥有自己的包厢。

在1883年，虽然需要频繁地出国，但奈莉这位雷厉风行的女强人仍坚持亲自操刀负责整改宅邸的内部设计，她定期与设计师、油漆匠以及建筑承包商会面沟通，商议如何改进并发号施令，严格监督包括小到窗帘边缘衬里的细节或是枝形吊灯的维护。当奈莉出行在外时，秘书也会随时向她更新账单与细目，以保证奈莉能够随时把握最新的总体进度。随着工程的进行，奈莉通过自己的设计，把天花板、檐口、壁炉以及其他装饰性物件打造成了一个浑然天成的有机整体。

音乐厅

音乐厅内也有两幅知名的画作。一幅是让－奥诺雷·弗拉戈纳尔在1765年创作的《老人头像》，它不由得让人联想到荷兰黄金时代的肖像画大师弗朗斯·哈尔斯笔下生动的人物神态。另一幅《毁弃的长廊》体现的是一种早期浪漫主义感性，是休伯特·罗伯特1785年的作品。画家在这幅作品中对遗迹韵味的表现形式深深受到其长期旅居意大利的影响。自此，即使在俄罗斯宫廷，罗伯特也是声名鼎盛。

《老人头像》，让－奥诺雷·弗拉戈纳尔，1765 年，雅克马尔－安德烈博物馆藏

《毁弃的长廊》，休伯特·罗伯特，1785 年，雅克马尔－安德烈博物馆藏

Ⅶ

从音乐厅出来，左拐是吸烟室，1860到1880年代之间的时尚装饰品带给这种小型房间一种摩尔式的或东方式的格调。

尽管吸烟室有少部分的中国、日本藏品与伊斯兰陶器，但奈莉对吸烟室的重新布局显然包含了更多的文化元素。比如说，16世纪的威尼斯壁炉、15世纪的法国木制大箱柜、带衬垫的大坐垫以及舒适的扶手椅。正是在这里，奈莉悬挂了一些购于伦敦的18世纪肖像画，如英国肖像画大师约书亚·雷诺兹爵士和托马斯·劳伦斯（Thomas Lawrence，1769—1830年）的作品。

壁炉两边的斯里兰卡橱柜则唤起了奈莉记忆深处的旅途。自从丈夫去世后，奈莉形容自己就好像是一块“可怜的四处游荡的滚石”。1902年，在

吸烟室

忙碌于各种令人眼花缭乱的聚会与庆祝仪式之际，奈莉依然抽出宝贵的时间游历了印度与缅甸，为驻印度总督、英国的王公大臣们安排的盛大奢华的聚会，始终无法转移奈莉对艺术品收藏的热爱，她依然腾出了足够多的时间，满载着古代兵器、艺术品和各类家具等古董回到了巴黎。

Ⅷ

安德烈豪宅的设计师帕朗是一位专门面向社会上层的建筑家，对我来说，他最有名的例子就是曾试图竞争设计巴黎歌剧院，惜败于查尔斯·加尼耶。

安德烈博物馆的规模宏大壮丽，大大超出一座私人宅邸所能驾驭的极

帕朗设计的雅克马尔－安德烈博物馆楼梯

限，这就为帕朗提供了一个设计一座与之相匹配的、富有仪式感的楼梯的千载难逢的良机。

帕朗很好地把自己不拘一格的设计风格与18世纪的模型相结合，大胆地尝试以旋转式的优质大理石台阶为中心，两边再衬以斑岩石柱，更凸显出整体的壮丽。楼梯侧面栏杆的纹路与构造堪称钢铁艺术的大师级杰作，只是我们已无从知晓究竟出自哪些优秀的工匠之手。

我最欣赏的还是音乐厅和吸烟室及底楼口构成的“冬季花园”，感觉这是安德烈博物馆的精华所在，事后才知道有人将这座室内花园称为“巴黎奇观”一景。冬季花园的时兴源自法国第二帝国时期，主要得益于当时中央暖气系统的科技革新。浮现于冬季花园那异域花草中的半身像以及文艺复兴时

音乐厅、吸烟室及底楼口构成的“冬季花园”是博物馆的精华所在

期的雕塑，似乎在欢迎我们来参观二楼楼梯口的18世纪威尼斯绘画大家乔凡尼·巴蒂斯塔·提埃坡罗的壁画杰作。

Ⅸ

为了收藏到有价值的藏品，安德烈夫妇不惜重金雇人四处打探有价值的情报。1892年，他们在前往威尼斯途中，获知有望得到一个北方的康达里尼别墅（Villa Contarini）美术博物馆的提埃坡罗的壁画作品。

如何完好地将壁画一步步地取下、包装、再运输回去是一项技术难度极高的工作，更何况要让如此重要的国宝流落他乡，意大利政府的态度是抵触的，好在经过安德烈夫妇锲而不舍的协调和沟通，意大利政府终于同意了

提埃坡罗的壁画描述的是康达里尼家族首领在当地迎接法王亨利三世的情景。1574年正值法王查理九世逝世，他的弟弟，时任波兰国王的亨利三世

《在康达里尼别墅迎接亨利三世》，乔凡尼·巴蒂斯塔·提埃坡罗，1745 年，雅克马尔 – 安德烈博物馆藏

放弃了波兰王位，回国加冕，成为法国国王，当时的威尼斯总督与贵族政要为国王举行了盛大的欢迎仪式。

除了壁画以外，安德烈夫妇还获得了两尊宏伟的大理石狮子雕像并置于主楼梯处（目前摆放在博物馆前院），正是这两尊石狮子，为康达里尼家族的避暑行宫赢得了“狮子殿堂”的美誉。

但令人叹息的是，安德烈未能等到这些壁画在宅邸中布置完毕的那一天，即与世长辞。

X

自1882年起，安德烈夫妇每年都要在意大利待上好一阵子。奈莉对意大利是如此地痴迷，她甚至为自己杜撰了一套意大利家族谱系，比方说，在奈莉母亲去世的讣告中，奈莉的名字改成了一个颇具意式风情的人名。

在佛罗伦萨，古董商巴尔迪尼成为安德烈博物馆主要的藏品供应商。

在二楼的雕塑陈列室（奈莉亲切地称之为“我们的意大利博物馆”）的设计与布置过程中，安德烈夫妇细心听取了众多一流专家的意见，从中获益匪浅。例如，关于安德烈夫妇应该如何有效地安排在意大利的“寻宝之旅”，著名的艺术评论家非常热情地提出了宝贵的建议与计划。

当时法国卢浮宫的雕塑艺术管理负责人路易斯·库拉若以及德国博物馆馆长威廉·博德也为安德烈夫妇提供了帮助。博德曾在1887年11月的一封信中写道：“此次意大利之旅结束了，但我发现无论自己身处意大利何处，不出三到四天的时间，所有的好东西（值得收藏的优秀艺术品）一定全都被安德烈夫妇买走了。”①

① Jerome Coignard(2010), *The Musée Jacquemart-André* , Paris: Connaissance des Arts, P.46.

同样作为艺术收藏爱好者，博德既是安德烈夫妇的好友，也是他们的竞争对手。博德一生中也收藏了数量可观的艺术品，目前以他的名义在柏林设立了博物馆。我在柏林的博物馆岛参观过博德博物馆，和安德烈博物馆的定位不一样，它更像传统的博物馆，包括布展的方式与博物馆的建筑模式。如果比较展品的话，博德博物馆要比安德烈博物馆强太多了，但安德烈博物馆的魅力在于它的建筑与室内装饰的格调。关于博德博物馆，有兴趣的朋友可以参阅拙作《飞越柏林慕尼黑》。

据说，当时安德烈夫妇每年的收藏预算要高于卢浮宫，他们与卢浮宫的关系也很好，卢浮宫没有经费收购好东西的时候，馆长也会提议安德烈来收藏。

雕塑陈列室藏品

当然，安德烈博物馆绝对没法与卢浮宫相比，卢浮宫的家底实在太厚，安德烈即便富可敌国，也没有办法与卢浮宫相匹敌。我上面已经强调过，安德烈博物馆的魅力在于其他地方。

XI

雕塑陈列室的设计初衷是供奈莉作画之用，但后来奈莉在该房间的每一面墙上都精心布置了她收藏的雕塑作品。

二楼接下来的佛罗伦萨艺术陈列厅，最初主要是用于收藏装饰艺术品，但在安德烈逝世后，奈莉渐渐地将这座陈列厅打造成了一座带有奢华、私人小教堂风格的绘画美术馆。其中的小隔间与烛台、以圣母子及其他宗教为题材的大量绘画作品，营造出一种触动心灵的、令人不禁冥想沉思的氛围。奈莉通过这个展厅所表现出的对宗教类题材的绘画作品的喜爱，外加朝夕相伴因身患顽疾而只能依靠轮椅的丈夫，使得奈莉获得了“轮椅边的圣母”这样一个略带戏谑的绰号。

奈莉对这个展厅可谓呵护有加，在她的一生中，除了少数几次王室贵族以及知名学者的到访外，它从不对外开放。

佛罗伦萨陈列厅内也有几幅文艺复兴时期的名作。一幅是早期文艺复兴大师阿莱西奥·博多维纳蒂（Alessio Baldovinetti，1425—1499年）的《圣母子》，古董商巴尔迪尼声称这是他从画家的后裔处直接购买到的真迹。

作于1470年代的大师保罗·乌切洛的《圣乔治与龙》，一直到1889年才重新受到重视。

另一幅名为《圣母子》的作品，多年来属于“无名氏”，到了当代才被认定是大师桑德罗·波提切利所画。这也印证了安德烈夫妇不是简单的附庸

《圣母子》，阿莱西奥·博多维纳蒂，雅克马尔－安德烈博物馆藏

《圣乔治与龙》，保罗·乌切洛，约 1470 年，雅克马尔－安德烈博物馆藏

风雅之辈，而是独具慧眼。

安德烈曾在生前立下遗嘱，由奈莉作为所有艺术收藏品的唯一继承人。但是，在安德烈去世后，安德烈家族的两名成员就此遗嘱将奈莉告上了法庭，不过，奈莉最终还是赢得了这场官司，并继续把完成艺术收藏作为自己的使命。她曾经写道："如果不做出一定的牺牲，我是无法完成这一切的。"这个牺牲也应该包括变卖奥斯曼酒庄的数千瓶顶级葡萄酒以及多维尔马厩里的名贵赛马。

Ⅻ

与奈莉喜欢佛罗伦萨艺术相比，安德烈则偏爱威尼斯艺术，安德烈博物

《圣母子》，波提切利，1470 年，雅克马尔－安德烈博物馆藏

馆二楼最后面的展厅是威尼斯画廊，意大利文艺复兴北方画派的代表画家安德烈·曼坦尼亚的《瞧这个人》使用的是水浆涂料，作于优质的亚麻帆布上，恰到好处地将耶稣忧伤的美感与旁边老者那令人厌恶的丑陋面容形成鲜明的对比。幸运的是，这幅画长期用罩光漆进行维护，所以直到现在还保留着最初的光泽。虽然当时奈莉是以曼坦尼亚的真迹收购的这幅作品，但是它的真实性一直饱受质疑，直到经由1992年的伦敦与纽约回顾展上证实，正如奈莉一如既往深信不疑的那样，这幅作品确实是曼坦尼亚晚期所作的最出色的作品之一。

《瞧这个人》，安德烈·曼坦尼亚，1500 年，雅克马尔－安德烈博物馆藏

一幅幅以圣经与古典神话为题材的画作整齐划一地镶嵌在格子天花吊顶之中，这些画作正是出自16世纪文艺复兴大师乔凡尼·吉罗拉莫·萨沃尔多（Giovanni Girolamo Savoldo，约1480/1485 — 1548年后）之手。

威尼斯画廊中还有文艺复兴大师乔凡尼·贝利尼和维托雷·卡巴乔等人的作品。

XIII

我正陶醉其中，博物馆管理员却告诉我应该离开了，原来瓦莱丽的信息有误，她原以为周一参观时间可以延长至晚上7点。

这样我就错失了参观安德烈夫妇私人空间的机会（还有一种可能是冬天关闭了，因为一路上我也没有发现它们在哪里）。

下面我只能根据安德烈博物馆的官方指南编译一些信息，因为没有身临其境，信息是否无误，还真没有把握。

奈莉完成整个博物馆的设计后，在1895至1897年才开始重新规划日常居所，与那些金碧辉煌的展厅不同，这个以朴素淡雅为基调的偏厅把我们带进了奈莉的私人世界。

奈莉的卧室。

安德烈辞世后，奈莉一跃成为欧洲最富有的女性，她频繁拜访上流贵族，暗暗希望通过社交来寻觅再婚的对象。不过，她如此强势，大家未必欣赏。当她在卧室里躺下时，奈莉会凝视悬挂在墙上的《男子肖像》（莫里斯·昆廷·德·拉·图尔作于约1760年）。画中的男子面朝卧榻，似乎正欲告诉奈莉些什么。这让人不禁浮想联翩：莫非他是奈莉的红颜知己，指导她如何再结连理？卧室内画作的摆放位置，尤其是肖像画作品，显然都经过深思熟虑。房间里的大床颇具路易十六时期的法国新古典主义风格，它的尺寸在18世纪来说是前所未有的，体现出了奈莉在注重艺术性的同时，兼顾舒适性的当代超前观念。

安德烈的前厅与卧室。

安德烈1894年去世后，奈莉暂时移居瑞士以平复哀痛。这对夫妻在1881年的结合将安德烈从当时放荡不羁的生活中解救出来，但安德烈家族建议安德烈与奈莉完婚后，立即将个人财产与奈莉划分清楚。

可后来的事实证明，他们之间的权宜婚姻反而催生出彼此之间的真挚情感与相互尊重。奈莉曾经工作和居住在自己位于泰伯山街的画室，安德烈非常体贴地为奈莉在奥斯曼大街重新打造了一间一模一样的画室，只是为了爱妻能更好地体验回家的感觉。同样，奈莉把丈夫的居所重新精心修饰了一番，并在丈夫过世后悉心整理所有的家族肖像与个人遗物，以示对他的尊敬。

第五章

尼辛·德·卡蒙多博物馆

彤阁

位于巴黎第 8 区的尼辛、德、卡蒙多博物馆原是莫伊斯、德、卡蒙多的宅邸。莫伊斯是一位对 18 世纪的法国装饰艺术了解颇深的收藏家，在母亲 1910 年过世后，他拍卖了父亲的藏品，重建家族宅邸，打算建造一个更合适的地方来安置他 20 年来收藏的艺术品。莫伊斯 1935 年去世后，他的女儿比阿特丽斯负责监督、执行父亲的遗嘱，尼辛、德、卡蒙多博物馆在 1936 年 12 月 21 日举行了官方落成仪式。

I

位于巴黎第8区的尼辛·德·卡蒙多博物馆（Musée Nissim de Camondo）很值得一去。

这里原来是莫伊斯·德·卡蒙多的宅邸。

15世纪末，西班牙爆发了清除异教徒的运动，当地从事金融业的卡蒙多家族移民至奥斯曼帝国。1802年，艾萨克·卡蒙多在现在的土耳其伊斯坦布尔建立了一家银行。1832年，艾萨克的兄弟所罗门继承了这家银行，银行在所罗门天生的商业意识和魄力的管理下快速扩张，与维也纳、伦敦和巴黎的金融圈纷纷建立起联系。

尽管卡蒙多家族深入参与了奥斯曼帝国的商业和社会慈善活动，但是他们还是在1869年离开了伊斯坦布尔去巴黎发展。所罗门的两个孙子亚伯拉罕·波霍尔与尼辛决定在金融和工业上层资产阶级的新住宅区的蒙梭公园旁边建造他们的家族住宅。

1870年6月，卡蒙多家族购置了蒙梭街道上两块相邻的土地。1875年，波霍尔在61号空地上建造了自己的宅邸。63号原来是富有的公共事业企业家维奥莱特的住宅，由尼辛购买并进行扩建。63号的豪宅很快就出名了，法国小说家左拉在小说《神甫》中以这座豪宅的室内装饰甚至平面图为基础，描绘了一位银行家的宅邸。

波霍尔和尼辛两兄弟在巴黎如鱼得水，但也没放弃他们的东方根底，并成了远东艺术品的热情收藏家。波霍尔在他61号的宅邸中建造了一个中式房间，收藏中国艺术品。

卡蒙多家族的银行业务一派繁荣，但在1889年，仅仅几个月内，兄弟俩相继过世，标志着家族公司开始衰落。

Ⅱ

波霍尔之子艾萨克·德·卡蒙多渐渐从家族企业的繁忙事务中脱身，投身于自己真正的爱好——艺术和音乐。品位独特的艾萨克开始收藏包括一系列非同凡响的日本版画在内的远东艺术品，接着他又对18世纪的装饰艺术产生热情，并且在1881年以10万法郎购买了有名的刻着美惠三女神的钟表而引起轰动。艾萨克还以差不多的金额购买了一套被称为“诸神的家具”的客厅套装家具。

最重要的是，艾萨克收集了大量油画、蚀刻版画、粉彩画和印象派画作。1911年艾萨克去世前，他把这些藏品遗赠给了卢浮宫。这些藏品现在收藏于奥赛博物馆，包括德加的约30幅画作（如《芭蕾舞课》《苦艾酒》《护民宫前的赛马》），马奈的《浴缸》《吹短笛的男孩》和《巴伦西亚的罗拉》，莫奈的《大教堂》系列的几幅油画，以及塞尚的《两人玩纸牌》。

1893年，经过一场激烈的继承纠纷后，蒙梭街61号的宅邸被拍卖，而艾萨克搬到了与巴黎歌剧院相邻的格鲁克街。音乐是他的另一个爱好，他对瓦格纳和印象主义的共同发现激励自己创作了大约20部音乐作品，营造出“与画作相当的音乐”。1906年，他创作的歌剧《小丑》进行首次公演。

忽略了父亲波霍尔劝他“早些结婚”的遗嘱，艾萨克并没有成家，没有后代。

Ⅲ

艾萨克是一个有创造力、富有革新精神且性格外向的人，他的表兄莫伊斯的性格则显得谨慎和传统。1891年，莫伊斯迎娶同样来自有权势的犹太银行家族的艾琳。艾琳为莫伊斯生了两个孩子，分别是1892年出生的尼辛和两年之后出生的比阿特丽斯。这对夫妻1897年便开始分居，在1902年他们激烈而高调的离婚审判案之后，莫伊斯得到了两个孩子的监护权并负责孩子们的教育。

作为一个举止文雅的绅士和热心的运动爱好者，莫伊斯把大量的时间花在悠闲消遣上。1895年，莫伊斯成为法国第一批拥有汽车的人，并且在1901年参加了巴黎–柏林汽车赛。他也经常光顾上流社会的温泉和度假胜地：12月份在圣莫里茨，1月份在蒙特卡罗；夏季那几个月，他会和孩子们一起去比亚里茨、迪纳尔、拉布尔布尔和靠近迪耶普的布维尔。

1911年，表兄艾萨克去世后，莫伊斯接管了家族银行的领导职位并且加入几家公司的董事会。莫伊斯不太愿意在商业上冒风险，他沉浸于管理家族财产的满足感中，并于1919年关闭了艾萨克卡蒙多公司。

作为一个自19世纪90年代以来对18世纪的法国装饰艺术了解颇深的收藏家，莫伊斯渐渐沉浸于这种爱好中。

莫伊斯迎娶艾琳时，便加入了这个作为18世纪艺术的行家和收藏家的大家庭。莫伊斯的岳父母以用古风镶板装饰住宅的罗斯柴尔德家族为榜样，购买了巴黎马耶讷酒店完整的镶板，然后把镶板安装在他们位于巴赛努大道的宅邸里。他们取得的最伟大成就是1895年购买的香舒芒城堡，他们修复了城堡的每一个角落，甚至再现了由于后来重新上漆而发现的原始彩绘装饰。此外，莫伊斯经表兄艾萨克的引荐进入博物馆圈，艾萨克是1896年成立的“卢浮宫之友”协会的创始人之一。

莫伊斯在母亲1910年过世后拍卖了父亲的藏品，并且决定重建家族宅邸，建造一个更合适的地方来安置他20年来收藏的艺术品。

Ⅳ

莫伊斯让建筑师勒内·赛尔让帮助他实现这一梦想。勒内在1911至1914年的装修工程中受到了小特里亚农宫的启发，小特里亚农宫由加布里埃尔于1763—1768年建造在凡尔赛的公园里。

官方的尼辛·德·卡蒙多博物馆指南介绍了勒内是如何借鉴小特里亚农宫的设计灵感的：比如庭院里浮雕的地面砖石、巨大的科林斯式壁柱以及屋顶的栏杆，还在中央圆形大厅的两侧建造了两个垂直的耳房，可以很好地欣赏蒙梭公园的景色。

但我觉得最有特色的是勒内直接从小特里亚农宫借鉴的庭院与花园之间的高低差，这一构思帮助勒内让蒙梭公园这一边半地下式的底层变身为各种服务处所：厨房、餐具洗涤室、仆人餐厅、冷藏室、食品储藏室，以及厨师

尼辛·德·卡蒙多博物馆花园

和管家的办公室。1914年莫伊斯搬到蒙梭大道时，他大概有20个佣人，这里包他们的食宿。

这座宅邸沿着水平方向和垂直方向进行建造，这样佣人与他们的雇主就可以在分开的空间里生活和工作。底层是厨房和宅邸的侧楼，一层有配膳室及管家办公室，阁楼层是主人及其儿子的衣柜以及佣人的房间。每层楼都有专用楼梯或电梯可达，并且装置了电铃面板，主人们可以用它呼叫佣人。

厨师长和管家将新鲜的食物保存在宅邸圆形大厅下方底层的冷藏室和食品储藏室的冷藏柜中，1929年，一台北极牌冰箱取代了这些冷藏柜。最宽敞的房间是靠近水果室的管家办公室，厨师长办公室、厨房、餐具洗涤室、仆人餐厅以及储煤仓则位于东侧翼，职员和手艺人穿过马勒塞布大道105号的马车房，经东侧的通道进入宅邸。

包括天花板在内的整个厨房贴着便于清洗的白色彩瓷，厨房中间有一个巨大的铸铁钢制炉灶，一旁则是一个旋转烤肉架，这两件炊具都是由屈班公司于1912年定制的。美好年代期间，这家公司给很多著名的酒店和欧洲大部分的王室宫廷提供炊具。双层天花板把餐厅与厨房的热气——尤其是噪音——隔绝开。糕点一直以来都是在煤气炉里烘焙的，直到1931年，应厨师的要求才换成了电烤箱。

菜肴通过送菜升降机送到楼上厨师长办公室之前，放在蒸汽加热的桌子上保温。

15个雇员可以同时聚在仆人餐厅里用餐，这间餐厅通过一个食物输送口与厨房直接相通。

在隔壁的餐具洗涤室里，镀锡铜制器具泡在沸水中去除油污，以免因为洗涤而损坏器具的电镀层。

整个厨房以及天花板贴着便于清洗的白色彩瓷

1. 送菜升降机；2. 厨师长办公室；3/4. 仆人餐厅通过食物输送口与厨房直接相通

V

莫伊斯和他的儿子尼辛、女儿比阿特丽斯三人现代、实用的盥洗室有着相似的设计和设备。为了促使凝结的水珠沿着墙壁往下流动，盥洗室安装了拱形的、有光泽涂料的天花板，并且铺上了白色彩瓷，边框和雕带处则是单一的色彩。莫伊斯的盥洗室里是蓝色的边框和雕带，尼辛的是绿色的，比阿特丽斯的则是黄色的，地上铺的都是白色炻瓷。

每间盥洗室都有白釉炻瓷浴缸、洗脸盆、洗脚盆、坐浴盆和梳妆台，坐

现代化的盥洗室

便器的材质都是白瓷的，水管、水龙头和一些配件（加热毛巾架、衣架、毛巾架、皂碟、玻璃瓶和玻璃杯架）使用的材质都是镀镍黄铜。

这座宅邸花费了近200万法郎（相当于600万欧元）。

Ⅵ

现在我们作为游客穿过庭院中间的那扇门（门的过梁装饰着浅浮雕花环）进入博物馆。博物馆入口处摆放的带镀金青铜装饰的硕大的桃花心木书桌带有里茨内尔1780年前后稳重典雅的特征，里茨内尔是路易十六王后玛丽·安托内特最爱的木匠，他为王后打造了一系列的家具杰作。

通过楼梯、走上开阔的与门廊石柱廊连在一起的楼梯平台，前面是一条

尼辛·德·卡蒙多博物馆

通向圆形大厅两侧会客室的内部走廊。勒内设计的内部空间的流动性以及相互贯通形成了建筑结构的现代视角。

整个二楼属于接待客人的公共空间。

首先是大书房。嵌在这间宽阔的会客室的天然橡木镶板里的六条奥布松挂毯描绘了拉方丹所创作的寓言主题，它们是在1775—1780年编织而成。

大书房入口右侧有大卫·伦琴在1790—1800年制作的站立式办公桌，打开后变成一个双层书桌，人在站着的时候如果想写作或画画可以把书桌调高，伦琴位于莱茵河上诺伊维德的工作坊制作了许多这样的桌子。

壁炉台上一座镂刻、镀金有光泽的青铜钟《酒神托着孩子萨提尔》被认为是18世纪下半叶镀金匠大师弗朗索瓦·雷蒙的作品，他是路易十六统治期间巴黎最重要的青铜器创始人和镂刻家之一。

大书房

大书房

Ⅶ

与花园相连的奢华的大会客室里陈列了莫伊斯购置的大部分杰作，墙上有一幅18世纪美丽的女画家勒布伦的《杜莫莱夫人的画像》，勒布伦专为安托内特王后和贵族绘制画像，她对画中模特的看法是："杜莫莱夫人非常漂亮，也很时髦。她没有知晓一切的头脑，但她了解那些智慧之人的想法。"①

壁炉上是让-安东尼·乌东在1785年左右雕刻的汉白玉版寓言式年轻女子半身像《夏日》。在房间正中，由弗朗索瓦·雷蒙镂刻、镀金漆包铜底座的柱脚桌上放着来自16世纪涂有日本漆的青铜清酒瓶，人们认为这个酒瓶是之前属于蓬巴杜夫人的一对酒瓶中的一个，蓬巴杜夫人是她那个时代漆器的最大收藏家。

壁炉上是汉白玉女子半身像《夏日》

① Sylvie Legrand-Rossi(2009), *The Nissim de Camondo Museum*, Paris: Les Arts Décoratifs, P.35.

大会客室

带有12个由女性人物举着的叶形臂灯的镀金蓝色青铜吊灯也是弗朗索瓦·雷蒙的作品，由拿破仑一世送给1808年的帝国执政官冈巴塞雷斯。

里茨内尔制作的带滑动镶板的五斗橱的创新之处在于遮住抽屉的那一面，让五斗橱看上去就像一个柜子，花卉镶嵌细工的技巧显示出里茨内尔受师父——弗朗索瓦·奥本的影响，滑动镶板的板条并没有打乱花卉镶嵌细工的连续性。另一方面，侧板上菱形图案的涡纹花饰和经典青铜饰品是里茨内尔在1780年前后形成的风格和特点。

莫伊斯1909年购得的这只五斗橱算得上是里茨内尔为他那些有威望的私人客户制作的许多订单中的一个典型例子，内部的抽屉表明它可能是用于收藏奇珍异品或奖杯的。

镀金蓝色青铜吊灯

带滑动镶板的五斗橱

莫伊斯喜欢收集成双成对的家具或装饰品，不惜一切代价去追寻丢失的配套品，是他布置房间的一个特点。在于埃沙龙内有两个皮埃尔·加尼叶在1770年左右制作的涂有日本漆的英式五斗橱，莫伊斯花了30年时间才把它们重新组合在一起。

毫无疑问，于埃沙龙正中带有彩饰花卉镶嵌细工的拉盖书桌堪称弗朗索瓦·奥本的杰作。1760年前后，这位著名的木匠发明了这种书桌，然后很快便流行开来。奥本的名望来自他的花卉镶嵌细工之美以及设计巧妙的机械家具。作为奥本忠实客户的蓬巴杜夫人有一张与这个拉盖书桌非常相似的写字桌，但是她那张写字桌的桌腿间有一块横撑搁板。

于埃沙龙

于埃沙龙

Ⅷ

二楼我最感兴趣的地方是餐厅和瓷器室。

桃花心木餐桌的两侧配有可滑动的半圆形延伸板，最多可容纳20位客人。银质餐具的量虽少但品质卓越。盖碗、一对西班牙杂烩盆和四个醒酒器，是俄国女皇叶卡捷琳娜二世于1770年向银匠尼古拉斯·卢特斯订购的银制餐具的一部分。1772年，叶卡捷琳娜二世送给情人奥尔洛夫的这套餐具大约有3000件，其中包括8个盖碗和8个西班牙杂烩盆。人们普遍认为奥尔洛夫的这套餐具是新古典主义银器的典范。

餐厅隔壁的瓷器室展示着莫伊斯收藏的装饰着鸟类图案的塞夫勒瓷器，这些是皇家瓷厂制作的所谓“布封”餐具的一部分。

尼古拉斯·马丁内在1771—1786年给“布封”的《鸟类博物志》画了插图，这也给塞夫勒瓷厂的画家们提供了无穷无尽的意象。塞夫勒瓷厂制作的很多有鸟类图案装饰的餐具都颇受欢迎。18世纪80年代，“布封所介绍的鸟类”与精致地点缀着蓝金色“山鹑眼”主题的绿底组合在一起，鸟类的名称则写在每件餐具的下面。

1784年，塞夫勒瓷厂把一套“装饰着星罗棋布的绿底、布封鸟类和古人头像”的餐具交付给阿姆斯特丹的商人勒费夫尔，这套餐具上的精致装饰与鸟类主题与圆形浮雕里的小型半身像相结合。拿破仑掌权后，勒费夫尔夫人给这套餐具添加了不少东西。1881年，塞利格曼在达布尔伯爵的藏品拍卖会上购置了这套餐具，自此，莫伊斯才得以从塞利格曼的手中购买了这套差不多完整的餐具。

1787年，英国驻法国大使威廉·伊登收到了一套“装饰着星罗棋布的绿底和布封鸟类”的作为外交礼物的餐具。法国大革命之前，威廉·伊登又给

餐厅

瓷器室藏品

这套餐具添加了些东西。这套餐具的装饰与勒费夫尔的那套很相似，然而在内表面并没有黑白色的小型浮雕或鸟类。莫伊斯成功地把这套餐具其中的54件聚在一起。

展示柜里还有1735—1760年制作的软质尚蒂伊瓷制餐具，以及1750年左右制作的硬质梅森瓷器。

Ⅸ

每年三到四次，通常是在春天，莫伊斯会在他奢华的餐厅招待多达30位的客人。邀请函会提前三周发出，午宴的座位安排和菜单需要长时间的考虑，莫伊斯亲自选择葡萄酒，所选的葡萄酒用铅笔写在菜单的背面。

1930—1935年一些罕见的菜单让我们知道了这些午宴上提供的一些菜肴：热的或冷的开胃菜、鱼类、第一道正菜（肉类或家禽），以及之后的烤菜或带蔬菜色拉的肉冻菜。很少会在饭后提供奶酪，设宴的主人更喜欢切斯特蛋糕、小干酪蛋糕、层状小方米布丁、帮伯炸弹冰淇淋或冻糕。

Ⅹ

莫伊斯独自一人的时候，喜欢在瓷器室里用餐。

午餐经常以小小的装饰着薄薄一片鲻鱼子的夹鱼子烤面包开始。鲻鱼子是一种用经过风干和加香料的灰色鲻鱼卵做成的鱼子酱，莫伊斯让人从马赛把这些鲻鱼卵直接送过来。

这些服务都是由男管家戈德费因完成的。

管家掌握这座豪宅的全部机密、负责监督仆人以及宅邸的日常运营——负责请公司过来进行修补、订购家电以及付账单；负责从进货专家吉内斯蒂尔那里购买瓷器、玻璃制品和用于供暖的英国产无烟煤，并支付水、煤气、电、压缩空气和电话费用；负责向美丽女园丁店铺定制雇员的衣服，并支付伯爵的新闻媒体订阅费、俱乐部会员费以及其他供应商的费用。

管家的账本告诉我们关于食物和家居用品的日常需求的很多信息，频繁收到小订单的布鲁克公司位于奥斯曼大道135号，公司产品的质量达到了这座宅邸、马厩和车库对五金配件的要求；当地的店主提供杂货、面包、日常用品和水果；著名的餐厅提供更多的美味佳肴——布瓦西耶饼屋提供小点心、赫迪亚食品行提供精选的水果、富盖食品行提供果酱等。莫伊斯会亲自拜访酒席承包商勒巴泰，并直接从葡萄园订购葡萄酒。莫伊斯也经常购买从尼斯运送过来的橄榄油以及从雅典运送过来的橄榄和刺山柑。管家的另一个职责是调节宅邸的热风采暖系统以及保管采暖系统的钥匙，这些根据每层楼分类的钥匙成排地放在他位于夹层楼的办公室里的一块木板上。

XI

餐厅与会客厅等公众领域总是堂而皇之的，只有三楼的私人领域才是舒适的，更具个性的。

所以，三楼主人的私人蓝色书房才是最考究的。

19世纪早期由博韦织厂编织的一块大地毯上，几把舒适的椅子放在夏尔·索尼耶制作的书桌周围，莫伊斯喜欢在桌上写信。

由约翰·巴托特·琼坎（Johan Barthold Jongkind，1819—1891年）绘制的八幅水彩风景画和海景画悬挂在窗户之间，是表兄艾萨克遗赠给莫伊斯的。1878年，荷兰水彩画家琼坎与妻子搬到格勒诺布尔附近的圣安德烈海岸，这位艺术家给后人留下了很多法国风景画。艾萨克通过画商认识了琼坎，1899年，艾萨克在琼坎的画展上深受感动，开始大量购买他的作品。

蓝色书房里有一幅绘于1775年的全家福，莫伊斯并不知道画中人的身份，但还是买下了。多亏了画中一位亲王的半身画像上属于波旁－彭提维家族的盾形纹章，现在的人们才确认他是1768年去世的朗巴尔亲王，他手拿调色板的妻子在画中扮演着画家的角色。画像中央的年轻夫妇应该是沙特尔公爵夫妇，他们脚边是出生于1773年的长子，这个孩子就是后来的法国国王路易·菲利普。

也许有人疑惑不解，莫伊斯在不知道画中人身份的情况下买了这幅肖

蓝色书房

《全家福》，让－巴蒂斯特－安德烈·高缇耶－达戈蒂，约 1775—1776 年，尼辛·德·卡蒙多博物馆藏

像画？我开始也弄不懂，但看了这幅作品，觉得画得很生动，没有集体肖像画惯常的呆板感，这是由让－巴蒂斯特－安德烈·高缇耶－达戈蒂（Jean-Baptiste-André Gautier-Dagoty，1740—1786年）创作的。

藏书室位于私人套房的中央圆形大厅，里面的天然橡木镶板和书架给人一种温馨的氛围，莫伊斯就是在这间藏书室翻阅拍卖图录和期刊的，其中包括左侧书架上的红色摩洛哥皮革装帧的《美术公报》。家具大师伯纳德·莫利托在1785—1788年制作的桃花心木茶几是客厅里所有装有雕镂压印天鹅绒垫子的家具的中心，这些家具用雕刻、抛光的胡桃木制成。

XII

从藏书室穿过一道走廊或从长廊穿过两间有玻璃门的小接待室就能进入莫伊斯的套房，这间房间的装饰带有新古典主义风格，但在主人搬入这里之前，他的品位还是混杂的，如窗边的半月形桌案上的三枝梅森硬质瓷烛台等都体现了1750年左右巴黎室内装饰商的洛可可趣味。

地板上的萨伏内里地毯是1760年交付给法国皇家家具库的。在宗教节日和每个礼拜日的时候，路易十五的两位女儿会在凡尔赛宫的小教堂里使用这张地毯。

莫伊斯·德·卡蒙多的套房

莫伊斯挂在房间里的许多小幅风俗画赋予房间一种惬意的氛围，床铺上方的墙壁凹处挂着乌格斯·塔拉瓦（Hugues Taraval，1729—1785年）的画作《安睡》，这是主人少有的描绘裸女的画作。床的三面护栏覆盖着棕榈叶和白花刺绣的红色锦缎，床单也是同样的锦缎。

穿过隐藏在镶板里的一扇门，主人可以直接走进盥洗室，盥洗室铺着配以饰带的蓝白相间的编织图案的釉陶瓷砖。1912年，库拉公司供应并安装了醒目的现代白瓷和釉面陶器的卫生设备以及镀镍小配件。

相邻的更衣室以英式风格进行布置，带菱形和圆形图案的粉饰灰泥天花板让人想起英国建筑师罗伯特·亚当设计的室内装饰。用巴西桃花心木制作的镶板则来自表兄艾萨克在香榭丽舍大道寓所展示的远东艺术品的长廊。

主人的贴身男仆会经过通向黄色接待室里的一段小楼梯把卡蒙多的衣服从阁楼层的衣帽间拿下来。

《安睡》，乌格斯·塔拉瓦，尼辛·德·卡蒙多博物馆藏

XIII

让人感触不已的是莫伊斯的儿子尼辛的套房。

莫伊斯在青少年时期失去了一只眼睛，所以戴着一个眼罩，虽有这一缺陷，但莫伊斯依然是一位热忱的运动爱好者、猎人和汽车狂热者。他还拥有几艘游艇。

尼辛似乎也继承了父亲的天性，中学一毕业，他就立即服兵役，之后从1913年11月开始在巴黎的荷兰银行接受银行家的培训。年轻有活力、充满干劲的尼辛也是一名出色的骑手。

1914年政府动员一开始，热情的爱国者尼辛立即入伍。1915年，尼辛少尉作为观察员、摄影师被调往空军，并且在凡尔登战役和索姆河战役期间执行了许多令人印象深刻的侦查任务。1916年7月，尼辛晋升为中尉并获得飞行员执照，在1917年9月5日的一次侦查任务中，他的飞机在洛林昂贝尔梅尼附

尼辛·德·卡蒙多的套房

近的一场空战中被击落。

莫伊斯直到1917年10月初才确信他的儿子已经去世，在痛苦的等待期间，莫伊斯收到了法国文学大家普鲁斯特的一封充满挂念的信，信中写道："我甚至不知道我的名字对您是否有任何意义，我曾经在卡亨夫人家和您一起进餐过。我不认识您的儿子，但我经常从我年轻的朋友雅克·特吕埃勒那里听到一些关于您儿子的事，雅克·特吕埃勒受伤时，您儿子总是为他加油打气，特吕埃勒也常和我说起这位年轻人的英雄气概和真诚自然。我知道您是一位无与伦比又温柔的父亲，因此在和您分享所有人对您的关切之时，我得向您传达我最深刻的感动。"①

莫伊斯将儿子的尸体运回巴黎，于1919年1月安葬在蒙马特公墓的家族墓穴内。

XIV

尼辛的战死让莫伊斯陷入了极度的绝望，最终也让莫伊斯在1924年决定将自己的宅邸和藏品遗赠给法国政府。

为了永远纪念我的父亲尼辛·德·卡蒙多伯爵和我那在1917年9月5日执行任务时去世的儿子尼辛·德·卡蒙多空军中尉，我在此决定，在我去世后将我的宅邸原样遗赠给装饰艺术博物馆。我的这座宅邸将会以我儿子的名字命名为"尼辛·德·卡蒙多博物馆"，因为这座宅邸以及所有的藏品本来就是留给他的。②

① ② Sylvie Legrand-Rossi(2009), *The Nissim de Camondo Museum*, Paris: Les Arts Décoratifs, P.10.

莫伊斯1935年去世后，他的女儿比阿特丽斯负责监督、执行父亲的遗嘱，尼辛·德·卡蒙多博物馆在1936年12月21日举行了官方落成仪式。

比阿特丽斯和列昂·雷纳克在1919年结婚，后者是著名的希腊文化研究者、钱币学家和法国研究所成员奥多尔·雷纳克的儿子。1942年，夫妻俩和两个孩子被纳粹逮捕，四人都被关进集中营，没有一人生还。

XV

尼辛的套房自2003年整修过后便完全向公众开放，而尼辛在去世前，只有短暂的休假期住在这里。

莫伊斯把尼辛生前的书房改造成缅怀他父亲和儿子的纪念室，纪念室放置了尼辛的很多照片。桃花心木的书桌上方挂着两幅描绘狩猎场景的画作，让人们不禁想起卡蒙多家族对贵族所追求的狩猎运动的热爱。

尼辛生前的卧室和更衣室如今改造成了“博物馆内的展览馆”，这里展示了卡蒙多家族最后四代人的历史。

盥洗室铺着用镶板和绿色饰带加高的六边形白色陶瓷砖，安装的卫生设施和父亲的盥洗室相同。

一扇装了镜子的门通向更衣室，热带硬木镶板以上的墙壁上贴着条纹和花朵图案的壁纸。

一条有着类似装饰的短走廊通向私人楼梯的平台，尼辛的贴身男仆从这条走廊走向楼上的衣帽间，取下尼辛的服装。

XVI

我们走出尼辛·德·卡蒙多博物馆后，有些兴奋也有些压抑，毕竟卡蒙

蒙梭公园

多家族最后两代子女的命运极其惨烈。

这时巴黎大雪暂停，夕阳映照在蒙梭公园里，很美。我们顺道在公园里漫步，到处是运动和散步的巴黎人。周围的街道非常安静，似乎人们都聚集在这里了。

就在蒙梭公园附近，立着曾经属于中国古董商人卢芹斋的“彤阁”，我过去见过，当时觉得它的风格很奇怪，现在看，仍是。它看似中国古建筑风格，却很别扭，有些类似外国人偏爱的咕噜肉。

我不喜欢“彤阁”的风格，但卢芹斋绝对是个人物。

彤阁

蒙梭公园

卢芹斋的名字听上去像是出自富贵人家，其实他出生在浙江湖州城几里之外的小村庄的穷苦人家里，原名卢焕文。父亲吸食鸦片，又好赌，母亲不堪重负，自尽而死，父亲不久也一命呜呼。

不到10岁的卢焕文成了孤儿。几经磨难，他来到富庶的鱼米之乡南浔，在豪门张宝善家打工，服侍少东家张静江。

1902年，25岁的张静江出任中国驻法国公使商务参赞，22岁的卢焕文被选中陪伴他赴法。多年后，卢焕文自称是坐船赴法的学生，偶遇张静江，编造了自己的履历。

张静江来到巴黎后，开了一家名为“通运”的经营中国货的商号。卢焕文为人机灵，凡事进取，很快成了店里的掌柜。春风得意的他还与张静江的太太私通，不亦乐乎。

虽然通运公司凭着中国的古董生意很赚钱，可是张静江热心革命，积极支持孙中山，最后回国辅佐孙中山革命大业。

28岁的卢芹斋趁势在巴黎开了自己的铺子“来远”，并改名卢芹斋。

卢芹斋与马德兰广场的一个开帽子店的女店主奥尔佳热络起来。奥尔佳从小在巴黎的一户人家做家务，后被男主人诱奸怀孕，生下了私生女玛丽·罗斯。奥尔佳认识卢芹斋时刚满30岁，从情人那里获得了这家帽子店。他俩虽然如胶似漆，但奥尔佳不想失去旧情人这座靠山，于是决定把自己15岁的女儿玛丽嫁给了卢芹斋，她和女婿继续过情人的生活。

玛丽虽然不情愿，但也没办法。玛丽多年后回忆起自己的生活，认为“简直是一团糟”。

XVII

卢芹斋在巴黎工作和生活12年后，第一次世界大战爆发，那时他34岁。正是由于这场战争，世界艺术中心从巴黎转移到了纽约。卢芹斋敏感地意识到了这点，他在纽约第五大道开了古董分店。经过不懈的努力，小约翰·洛克菲勒夫妇、银行家J.P.摩根和弗利尔等美国重要的收藏家都成为他的客户。

中国台湾联华电子前董事长和收藏家曹兴诚对此评论道：

欧美对中国文物的了解，以往只限于瓷器，对其他中国古文物所知有限。卢芹斋为了让欧美人士欣赏中国古文物，投注了大量心力。他不断支持学者研究中国文物，1937年还出版了一本《中国艺术史索引：初学者指南》，以西方常用的术语，如平衡、对称、协调等来解说中国艺术。此外，他还经常举办艺术沙龙，让欧美各大博物馆馆长、大收藏家等来欣赏、评论中国古代艺术。所以，卢芹斋在20世纪上半叶，好像成了中国文化的大使，在西方世界很有发言权。他办的艺术展览经常兼顾艺术史，让欧美人士在欣赏中国古文物的同时，还能了解中国艺术史的辉煌。

19至20世纪上半叶，欧美上流社会对中国人难免轻视，媒体也经常丑化中国人为“不诚实的骗子”，是吸鸦片、好赌的异教徒等，所以卢芹斋的诚信一开始很受怀疑。洛克菲勒第一次和卢芹斋接触，就怀疑他卖的一个瓷瓶是假货，生意也没谈成。但是卢芹斋通过忍辱、努力和坚持，终于获得欧美文物界的绝对信任，这真的很难得。

卢芹斋去世已经半个世纪了，到现在还没有任何中国古董商像他一样能取得国际的广泛信任，由此可见卢芹斋在诚信方面的成就。[①]

① [法] 罗拉：《卢芹斋传》，卞婉钰译，中国文联出版社2015年版，第19－20页。

XVIII

卢芹斋最“臭名昭著”的一件事，就是他主导将唐太宗的陵墓昭陵的两尊石刻浮雕贩往国外，成交价是125000美元，打破了当时文物成交价格的纪录。这所谓的“昭陵六骏”，其中两尊现藏于美国费城宾夕法尼亚大学博物馆，另外四尊存于西安碑林博物馆。

有些文物因为当时一些人不了解其价值而被丢弃，典型的是今天大家都知道的唐三彩。过去一些人认为这些陪葬品不吉利，没人要。我们看北京、南京、台北的故宫旧藏都没有唐三彩的身影，现在馆藏的都是后来别人捐赠或馆方购买进来的。由此可知，过去在中国，从宫廷到民间，没人要这种陪葬品。后来外国人开始收购，唐三彩才获得重视和保护。

卢芹斋建造的彤阁当初对于蒙梭公园周边的住户来说，在奥斯曼式建筑群中建起这样一座中国宝塔式的房子近乎一种挑衅，当地媒体闻风而动，居民联署的投诉信也出笼了。

当年刺眼的建筑如今却成了地标。有点讽刺的是，到20世纪70年代，当巴黎盛传要拆迁彤阁的时候，周边的居民再次联手，但这次不是为了反对彤阁的存在，而是要竭力将它保住。

彤阁里举行的晚会极为气派。卢芹斋从来不在曼哈顿的公寓举办活动，但在彤阁却乐此不疲，每年他都会在彤阁举办一次大规模的晚宴，为大宴宾客早早发出邀请，座上宾少不了各地博物馆的头面人物，如纽约州水牛城博物馆馆长瓦什波恩夫妇，往返八天旅程，不远万里跨越大西洋来赴宴。

《卢芹斋传》的传记作者罗拉就提醒我们，彤阁的灵感可能或多或少来自不远处的尼辛·德·卡蒙多博物馆。

1928年，因为卢芹斋对法国博物馆的慷慨捐赠，法国政府授予他荣誉军团骑士勋章。

XIX

卢芹斋能够在中国古董界如鱼得水，一个重要因素是张静江势力的庇护，但在抗战后，他失去了这层关系。1948年7月，他的估价超过100万美元的342件古董被上海海关查封。而1949年后，他在上海与北京的存货也被没收。1950年3月，卢芹斋在纽约宣布关闭自己的公司。

1952年，疲惫不堪的卢芹斋回到了法国妻子玛丽的身边。随着他的身体状况越来越不好，玛丽变得很强势，对丈夫十分严厉，用女儿的话来说，她掌控了他。尽管所有的人都劝他们搬回巴黎生活，以便家人相伴，玛丽仍然坚持把卢芹斋“隔离”在戛纳的别墅里，每天来拜访病人的只有他的医生，对他进行例行的身体检查。卢夫人占了上风，对丈夫多年来的不忠和疏远终于有了报复的机会，现在她掌控着他的命运，一切由她说了算。

1957年1月，医生在卢芹斋的诊断书上给他的女儿写了这样一段话：“如果你们的父亲不快点离开你们的母亲，他会死在这里的。必须赶紧把他们分开，不然她会让他送命的。”①

终于，卢芹斋的小女儿趁母亲去巴黎有事时，将父亲偷运至瑞士尼翁市的莱芒湖边的诊所。1957年8月15日，卢芹斋安然病逝。

2011年5月31日彤阁被卖给了新主人，宣告了卢芹斋“古董时代”的彻底终结。

① [法] 罗拉：《卢芹斋传》，卞婉钰译，中国文联出版社2015年版，第207页。

第六章

莫罗美术馆

莫罗美术馆是莫罗从青年时代一直到晚年的住家。莫罗的作品看似具像，但他的每一个局部几乎都可以拿出来作为另一幅完整的作品。莫罗没有凡·高的传奇性故事，没有毕加索那样让人眼花缭乱的营销手段，他的作品又具有晦涩的文学性，这注定了莫罗的寂寞。可总有些人会爱上莫罗，在他的作品面前狂喜。

I

我很喜欢居斯塔夫·莫罗（Gustave Moreau，1826—1898年）的作品，可吃不准莫罗美术馆（Musée Gustave Moreau）值不值得去。美术馆是莫罗从青年时代一直到晚年的住家，网上对莫罗美术馆的评价比较冷淡，而我去过同样性质的德拉克洛瓦美术馆，结果也是大失所望。

但大卫·唐尼在《巴黎，巴黎：漫步光之城》中却对莫罗美术馆有一个章节的描述，他是在20世纪80年代一个雨天的早晨去的。

拉罗什富科大街的莫罗美术馆，夹在已经褪色、造型古板，带有第二帝国风格的公寓大楼间的是14号，一栋丑陋的新文艺复兴砖砌豪宅。

“在破旧、昏暗的楼梯底部，我注意到一篇手写的那位艺术家的传略。居斯塔夫·莫罗1826年4月6日出生于巴黎，是一位成功的建筑师的儿子，他深爱自己的母亲，与母亲一起生活了几十年，直至母亲离世。莫罗终身未婚。作为皇家艺术院的一名学生，他曾周游意大利，后来在各大沙龙展出自己的作品。1883年，在自己不平凡职业生涯的巅峰时期，他终于被授予荣誉军团勋章。

莫罗美术馆

“1898年，莫罗在这间房子里去世，他在这里生活和工作了将近50年。他留下遗嘱，将这栋房子和其中的物件捐赠给国家，他提出的附带条件是要让房子保持原样。几年后，这里成立了博物馆，在接下来的一个世纪内，这里几乎没有任何改动。房子里有大约1200幅油画、水彩画和漫画，还有5000张素描。莫罗什么都没丢掉，根据正式的记录，只有透纳和毕加索留给后人的画作数量超过了他。

“在房子一楼的梯台悬挂着一幅巨大的油画，上面画的是一位骑着独角兽的波斯诗人。旁边是一幅素描，画中缺乏男子气概的俄耳浦斯似乎马上就要被好色的斯芬克斯诱奸或者强奸。

“但是，我还是没料到自己会在二楼邂逅什么。在一个宽广的大厅中，多幅油画从地板到天花板挂满了三面墙。第四面墙上有几扇巨大的窗户，确保整个房间在任何天气下都足够明亮。画上有圣母玛利亚，她自一朵硕大的百合花中伸出来的雌蕊间升起，周身珠光宝气，这位艺术家将这幅作品称为《神秘之花》。在《奇美拉》中，100多种雌性生物在和蜻蜓、蛇和海龟交配。在它们的身后，一处岩石绝壁之下，崛起了一座只有在童话中才有的中世纪城市，凌驾于城市上方的是一个小小的十字架。画家将这幅明显带有歧视女性色彩的作品隐晦地称为《撒旦的（十日谈）》——这指的是14世纪乔万尼·薄伽丘创作的故事集，其中有许多故事带有荒淫的意味——‘一座幻梦之岛，包含女性各种形式的激情、幻想和异想’（‘女性’二字是这位艺术家特别加重的）。

“我在记忆中搜寻答案。莫罗之所以说这段话，也许是因为他的成年岁月恰逢我们所说的第一次世界大战前的美好时代，此时，男女之间的关系正处于紧要关头：对父权社会的第一轮猛烈攻击处于上升势头，妇女解放运动的前兆已经出现。当时的许多男性艺术家，尤其是莫罗这样的象征主义者最喜欢采用的主题就是莎乐美的传说——那个邪恶的妖妇——画中的她通常正在跳舞，或者带着充满贪欲的表情，举着盛放圣施洗者约翰的头颅的盘子。我环视四周，她果然在那里，在独角兽、天鹅、百合花和莨菪叶的环抱之中。

“在《阿尔戈英雄归来》《泰斯庇亚的女儿们》以及许多具有传奇色彩的油画中，画家重新诠释了那些神话或《圣经》中的人物，飞马腾空跃起，随那些人物的指挥而动。其中一些画作只完成了一半，作品风格迥异。这些大杂烩般的象征代表了什么呢？莫罗是精神错乱了，还是和同时代的艺术家一样染上了鸦片瘾？”[①]

Ⅱ

我在卢浮宫曾重点介绍的杰出画家泰奥多尔·夏赛里奥是莫罗年轻时的密友，他们是各大沙龙、餐馆和咖啡馆的常客。但也许因为夏赛里奥的去世，莫罗没再参加巴黎那些著名的沙龙，变成了“在巴黎市中心与世隔绝的神秘主义者”。

“人们认为他是同性恋或者双性恋者。他与一个名叫阿德莱德·亚历山大·杜勒的人交往了25年，这个人是他的‘精神伴侣’，他一直让这个人住在洛雷圣母院路的一间公寓里，不过此事非常隐秘，只有他的几个朋友知情。

“莫罗沉默寡言，他拒绝解释他那些奥妙的艺术作品。一位收藏家买下一幅画并要求莫罗给出关于这幅画的官方解释，莫罗回答，他只是喜欢‘做梦’。19世纪80年代，左拉在一个沙龙上评价莫罗的画作：‘他画的是梦……精致、复杂、神秘的梦。’

“乔治·鲁奥（Georges Rouault，1871—1985年）、亨利·马蒂斯、阿尔贝·马尔凯（Albert Marquet，1875—1947年）和其他许多艺术家都是莫罗在法国美术学院（École nationale des Beaux-Arts）的学生。现在名气比莫罗本人

① [美] 大卫·唐尼：《巴黎，巴黎：漫步光之城》，陈丽丽、吴奕俊译，生活·读书·新知三联书店2016年版，第197－199页。

还大的奥迪隆·雷东曾深受这位神秘主义艺术家作品的影响，毕加索、萨尔瓦多·达利（Salvador Dalí，1904—1989年）和罗伯特·马塔（Roberto Mata，1911—2002年）也不例外。

《自画像》，居斯塔夫·莫罗，1850年，莫罗美术馆藏

“有殷实的家境作为支撑，又有稳定的工作和客源，莫罗和那些吃了上顿没下顿的艺术家迥然不同，他只有一次在商业画廊中屈尊展出作品的经历。他缄默不语的真正原因是，他对批评有种病态的恐惧感。在他生命的最后几年中，他疯狂地为他的画作命名，并为这些画作加上注释，这样，未来的评论家们和博物馆的游客们就不会对它们产生误解了。”①

唐尼认为最好的画作是在三楼——那些明珠般的油画闪烁着钴蓝色和金色的光辉，那是莫罗数月甚至数年的劳动成果。

“几百幅水彩画和素描装裱在精巧的木架上，它们展现了莫罗的另一面。这里有优雅的风景画和精美的素描，与油画一样充满神秘的力量，但不带有一丝扭曲的痛苦。这里还有那幅我当初在那张旧明信片上看到的自画

① [美] 大卫·唐尼：《巴黎，巴黎：漫步光之城》，陈丽丽、吴奕俊译，生活·读书·新知三联书店2016年版，第202－203页。

像，不过我把那张明信片给弄丢了。莫罗受佛罗伦萨的乌菲齐美术馆所托画了这幅画，这幅画本应作为史上最伟大的画家自画像之一挂在瓦萨里画廊中，但是莫罗认为自己不够格，因此他一直没有把这幅画送出去，他希望自己能以普通人的身份从人世间消失，只是在他的作品中、在他的博物馆里永存。"[①]

Ⅲ

我最后决定去一次。

莫罗美术馆的底楼挂着莫罗的许多小幅作品，室内的光线不足，只能一扫而过。

我又来到一楼（按中国的习惯则是二楼），这里是莫罗的起居室和书房，也有些小作品。

我很失望。

我勉强爬到二楼，空间突然扩大，莫罗的大幅作品出现了。我开始兴奋，如饥似渴地琢磨这些作品。

看了一圈，发现竟然还有一架漂亮的螺旋楼梯通往上面，我顺势往上爬，抬头一看，一个更广阔的莫罗世界出现了，他的色彩与想象铺天盖地，把我给砸晕了。

要知道，我在奥赛博物馆也看过他的作品，也看过各种各样的美术馆展览，我面对一些展品会兴奋，但一时间面对这么密集的视觉冲击，我已经很久没有遭遇了。

① [美] 大卫·唐尼：《巴黎，巴黎：漫步光之城》，陈丽丽、吴奕俊译，生活·读书·新知三联书店2016年版，第203页。

漂亮的螺旋楼梯通往三楼

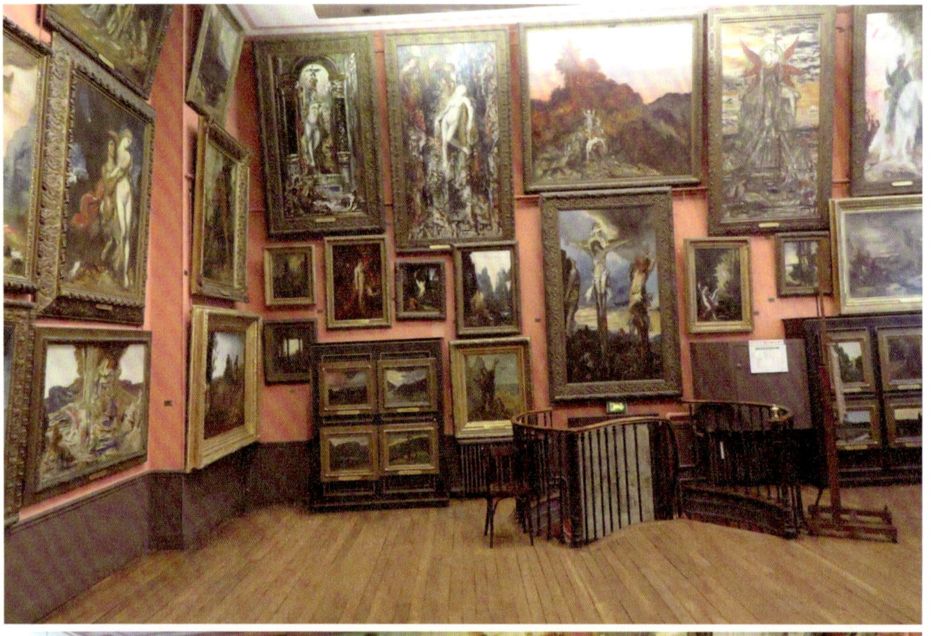

三楼是更广阔的莫罗世界

让我回忆一下当时的第一感受吧。莫罗的作品看似具象，但他的每一个局部几乎都可以拿出来作为一幅完整的作品。也就是说，他的作品的内容和层次过于丰富了。我马上想到了同时代的巴黎大作家普鲁斯特的文字，他的文字也是绵绵不绝，可以在其中随意摘录一段，自成一格。

也就是说，莫罗的绘画与普鲁斯特的作品一样，它们的一部分不是局部，而是另一个整体，另一个世界。

参观毕加索美术馆时，毕加索的每幅作品，不同时期的作品，其风格和内容是有区别的，需要观者逐一解读。这已经是很丰富的博物馆了。

其他画家的大型画展或美术馆，他们的作品内容可能是不同的，但风格是相似的，所以只能寻找他们的代表作，认真看一下，别的作品可以帮助理解他们的风格。

莫罗的画看似是有内容有区别的，但其实他的风格是一致的，可所有的作品好像都是互相缠绕的，意蕴无穷无尽，我们对此的感观是它们是串联在一起的，没法把每一幅画分开来。

至少在三楼，我只能说有几幅特别好，其实它们都很精彩，分不清彼此的好坏，这也是我阅读普鲁斯特七卷本《追忆似水年华》的感受，有故事有情节，如果把任何章节随意展开，也能领悟它们的精妙。

Ⅳ

在上海，我也曾读过普鲁斯特论述莫罗作品的文字，普鲁斯特评点过不少艺术家，但他写的最好的是关于华托和夏尔丹的文章。普鲁斯特在描述莫罗的作品时也很投入乃至深情，可在我没来莫罗美术馆前，很难理解他到底从莫罗的画中看到了什么。即便我今天读普鲁斯特下面的字句，仍然感受到作家也被莫罗的画面给震撼了，他似乎通篇都在用诗歌阐释。

这位极为擅长表达复杂思维和感受的文豪开篇就说：

我们不禁好生纳闷，这位大师究竟想要表达什么，但几乎得不到答案，因为连画家本人也讲不清楚自己意欲何为，为什么《名妓站在自家阳台上》是在傍晚？为什么天鹅引颈向天飞是受到缪斯神的召唤？他只是把自己瞥见的意向尽可能准确地诉诸画布……

那些马儿看上去既不羁又温顺，披挂着宝石和鲜花；那个诗人长着一张女性脸孔，身披深蓝色斗篷，手持一把七弦琴；那些男人也是一副女人相，脸上没毛，个个头戴八仙花，舞动着晚香玉花枝；那只鸟儿羽毛深蓝色，跟随诗人一刻不离，那诗人则鼓起胸膛吟唱一曲雄壮的旋律，使绕胸的晚香玉花枝绷得紧紧的。这一切都是那么的色彩斑斓，引我们进入了一个色彩世界，这色彩可不是我们凡间的那种色彩，而是画布上一种仙界的色彩；再往远望去，那氛围神秘的世界往往是夕阳西下，荒山绵延，山间矗立着几座神殿，那里有一只鸟儿追随诗人，有一朵独花幽开山谷；之所以这样，是因为它们遵循迥异于我们凡间的天界法则，鸟儿依照这些法则选中诗人作为追随对象，跟定他不离不弃，以至于从它围绕着诗人飞翔扑棱的翅膀里都逸出仙气和神启，而那朵在山谷中在那奄奄一息的女子身旁独放的花儿也受到了神启，成为死亡之花，于是它生长于斯这一事实也有了某种不祥之兆，花儿长得越快，死亡的威胁就越迫近，使那女子眼瞅着它感到自己末日降临。

此画题为《波斯歌手》，他看似正在引吭歌唱，这位披挂国王般服饰的骑手长着修女的面容，背后跟着一只神秘的鸟儿，妇女和教士们见到他弯腰鞠躬、摇摆花枝，他骑的马儿也用灵动的眼睛——那目光分明与造物主相通——瞅着他，含情脉脉，同时却冲他扬起野性的口鼻，仿佛恨不得把他一口吃掉。他歌唱，嘴大张，挺起胸膛，绕在胸前的玫瑰花枝飞扬。这是人灵魂出窍的一刻，是坚实大地在人足下融化的一刻，是船舰扬帆起航扑向大海壮观前行的一刻，是言语铿锵变为高歌的一刻。在那僵硬紧绷的画布上，分明可以感受到突突的脉动，像海般永恒地此起彼伏。[①]

V

我们知道，19世纪下半叶巴黎的学院派与印象派发生了剧烈的冲突，最后印象派获得胜利。但从今天看，事情远比我们想象的复杂。莫罗也是学院派的，他把“历史画”看成是绘画的最高境界，可他与其他历史画派画家不同，他不会从历史事件中挖掘素材或是借鉴启示创作的思路和方法，而是从最为纯正质朴的诗歌、那崇高且放飞的幻想中去挖掘探索。

在莫罗看来，当时学院派的历史画和印象派本质上是一样的，它们都属于“在创作体裁上选择对自然、历史以及自然风光的模仿与再现”，是19世纪三四十年代实证主义思潮的衍生物。

而莫罗认为上述自然主义的艺术风格否定了最值得赞美的艺术家品质——“想象、幻想和情感”。从唯美的角度出发，莫罗认为自然主义缺乏的恰恰是艺术创作中最为核心的东西——创作主题的变化，他写道：“缺少神秘感、崇高以及至高无上的变化，自然主义根本不是艺术，只能算得上是一种手段和把戏而已。”[②]

① [法] 马塞尔·普鲁斯特：《那地方恍如梦境：关于瞬间与永恒的艺术》，冷杉译，金城出版社2013年版，第64－69页。

② Peter Cooke(2017), *Gustave Moreau: history paintings, spirituality and symbolism*, New Haven: Yale University Press, P. 20.

莫罗对美的理解深深植根于浪漫主义大潮，他认为艺术真正的目的并不在于描绘外面的世界，而在于“思想的表达与灵魂的梦想”，艺术最为重要的是想象力而不是观察力。

所以，莫罗更喜欢用“伟大的艺术”这一称谓来代替“历史画”一词。

Ⅵ

比起历史，莫罗更喜欢的还是希腊神话。因为对于历史题材的创作来说，除非采用的是寓言化的表现形式，历史题材或多或少地都会使作者拘泥于确实存在的事实；神话题材则不同，它可以创造出一个开放且充满诗意的世界，让作者在其中尽情发挥自己的想象力。对于莫罗来说，把历史题材与神话题材这两个不同的领域完全区分开来是如此的重要，以至于当有画家以“历史学家的精神”去试图解释那些美妙的远古神话时，他会提出严肃的批判，因为美妙的远古神话本该借助“永恒的诗意”而得到完美的诠释。为了创造这样一个充满诗意的世界，莫罗在18世纪60年代逐渐形成了一种自己的折中主义风格与迷人的象征手法，从而把他与同时代的画家们区分开来。

我们看看被引用得最多的莫罗作品《色雷斯姑娘拿着俄耳浦斯的头》（奥赛博物馆藏）。如果是同时代的学院派历史画家，一定会画几位裸体女性，以一种颇具古希腊艺术风格的慵懒姿态出现在我们的面前，配上当时考古出土的全套武器、陶器和乐器。

相比之下，莫罗显然无暇顾及这些“陈旧的希腊古典文物”，而是给画中的色雷斯女孩披上了独特而绚丽的哥特式服装，法国唯美主义诗人泰奥菲尔·戈蒂耶将其称为“衣着光鲜的中世纪贵妇人”，服饰上那精致的装饰均可追根溯源，可以在东西方不同纪元与时代的众多文明中找到对应的实物。

《色雷斯姑娘拿着俄耳浦斯的头》，居斯塔夫·莫罗，1865 年，奥赛博物馆藏

画中的女孩将俄耳浦斯的头放置在那把精致的里拉琴上，值得注意的是，画中的里拉琴绝不是人们印象中的古典乐器里拉琴，而纯粹是一种“莫罗式的发明”。画中俄耳浦斯的头借鉴了米开朗基罗现存于法国卢浮宫的石膏雕像作品《濒死的奴隶》，画面背景中的岩石则不禁让人联想起达·芬奇描绘岩石所采用的表现形式。莫罗的作品包含了如此多的元素，导致观众完全迷失其中。

对于东方题材作品的创作，莫罗采用的同样是从诗歌中去挖掘和探索的方法。相比那些与他同时代的、研究东方文化的画家们为了搜集当地民俗与服饰等素材而兢兢业业地奔波于黎凡特（指地中海东部的一片区域）与中东地区的时候，莫罗选择的是待在巴黎，从容不迫地利用自己的想象构思着脑海中的异域风情。通过在书店与图书馆的查阅，他积累了大量的视觉资料来为自己提供创作素材，莫罗提炼不同文明的题材并汇总起来，他曾贴切地称自己为“收集梦想的工匠”，这很好地诠释了莫罗的职业所必需的心灵手巧、天马行空般的丰富想象力以及他所展现出来的折中主义艺术。莫罗怀揣着好奇之心，倾注了大量心血，融合不同的“文明”，然后在作品中锻造出一种复合型“文明”，这种风格在以下两幅作品中得到了很好的表现，其中一幅作品是《莎乐美在希律王前跳舞》，该作品曾在1876年的法国艺术沙龙以及1878年的法国万国博览会上展出过；另一幅则是风景画作品《凯旋的亚历山大大帝》，该作自1874年早期开始创作，但直到1887年后才得以完成。为了在这幅作品中营造出马其顿王国成功征服并凯旋的宏大场景，莫罗对诸多素材与元素进行了改造与融合，比如：从风景、建筑以及装饰等不同图像、材料与素材（比如18世纪印度南部的袖珍画）中所提炼出的元素；英国旅行家萨缪尔·伯恩所拍摄的照片；古斯塔夫·勒邦所著的《印度文明》；

《莎乐美在希律王前跳舞》，居斯塔夫·莫罗，1876 年，莫罗美术馆藏

詹姆斯·伯吉斯所著的两本书《萨特伦贾亚神殿》与《爱烈芬塔岩殿》中的插图。

画面的中间部分描绘的是“10世纪耆那教那矗立在印度卡纳塔克邦上的英德拉吉利山的格马塔什瓦拉雕像，画面右下角站立着的一群女子则是取材于8世纪的马拉巴奎神谱的手稿插图”，莫罗当时一定在法国国家图书馆查

《凯旋的亚历山大大帝》，居斯塔夫·莫罗，1874—1887年后，莫罗美术馆藏

《凯旋的亚历山大大帝》（局部）

阅过这幅作品，这些母题的来源与出处可谓大相径庭，作者洗去了它们各自的历史痕迹，将它们融入自己的作品中，并以一种“莫罗式文明”的形式展现在我们的眼前。莫罗并不希望在严格遵循历史与考古的基础上向观众呈现公元前326年的印度；相反地，他希望观众能够看到一个充满着唯美与诗意的幻想国度，一个由情感、想象力（莫罗认为伦勃朗也是这样一种风格）支配的世界。莫罗清晰地认识到，由于年代久远，很多不同的历史时代已经披上了一层古老传说的色彩，只有诗歌的情感才能将它们再次拼接起来并赋予其生命。莫罗通过自己独创的技法——以紧凑度相对较低的笔触绘出背景，再以丰富多样的、注重线条的手法勾勒出作品的母题，从而使这幅作品中的印度文明元素散发出一股鬼魅之气。除了表达对西方帝国主义征服者的敬意之外，这幅作品还以一种富有诗意的方式颂扬了印度的魅力。事实上，相比其他人，虽然画中的亚历山大大帝以一种略为夸张的尺寸比例高高地坐在王位上，但相较于周围高耸入云的山峦与遗迹，他却相形见绌。正如很多艺术家曾经所说的那样，居斯塔夫·莫罗所描绘的亚历山大之形象只存在于“想象空间中那极其罕见且神圣的领域”。

Ⅶ

莫罗的理想主义风格引起了18世纪80年代一些年轻艺术家的兴趣，彼时，这些年轻人正在寻求创立一种全新的立于官方所支持的自然主义对立面的唯美风格。莫罗作品中那令人浮想联翩与诗意的一面，渐渐向后来的神话与幻想风格转变，这吸引了那些渴望远离传统学院派风格与自然风景画的艺术家的兴趣。在18世纪90年代，莫罗与皮埃尔·皮维·德·夏凡纳、奥迪隆·雷东以及保罗·高更并列，成为当时“理想主义大师”中最伟大的灵魂人物之一。莫罗强烈致力于实现一种“神奇的、理想主义式的思维艺术”，埃米尔·贝尔纳在写给雷东的一封信中将其称为“艺术家的艺术”。早在1865年，《俄耳浦斯和斯芬克斯》这幅作品就给当时年轻的雷东留下了深刻的印象，雷东后来评价说正是这幅作品给予了自己“与莫罗一样，选择在艺术这条孤独的道路上砥砺前行的勇气”，也许正是这些令人浮想联翩的艺术才会如此地具有吸引力。在1878年的巴黎万国博览会上，雷东对莫罗的水彩画更是充满了由衷的敬佩之情，他认为莫罗是一位“完美且毫无瑕疵的艺术家”。雷东的作品一步一步地迈向成熟的过程则见证了他对以往老画家的作品那一如既往的兴趣——以自己独特的方式研习莫罗的作品风格并创作出类似题材的作品。从某种意义上来说，莫罗之于雷东就好比安格尔与德拉克洛瓦之于莫罗。

《俄耳浦斯和斯芬克斯》，居斯塔夫·莫罗，1864年，莫罗美术馆藏

Ⅷ

接下来，我们还是细读几幅莫罗美术馆和奥赛博物馆内的作品吧。

1860年，莫罗从意大利返回法国后，随即开始了历史画的绘制。虽然当时的莫罗孜孜不倦地学习着意大利文艺复兴大师的作品与技法，但他对法国著名新古典主义画家大卫的作品也表现出了极大的兴趣，莫罗似乎在试图寻找一种能融合意大利与法国传统艺术的方法。

《求婚者》，居斯塔夫·莫罗，1860 年（未完成），莫罗美术馆藏

从《求婚者》中，我们可以明显地看出莫罗立志复兴叙事诗体裁之庄重风格的作品的强烈意愿，其创作始于1860年，但并没有最终完成。莫罗在创作这幅作品时所参照的文学素材无疑正是著名的史诗巨著《奥德赛》。奥德修斯回到伊萨卡岛后，他屠杀了那些以向他妻子潘妮洛普献媚求婚为名而占据了整座宫殿的张狂无理之人。该作品反映出莫罗创作时那愈发成熟的唯美主义风范，同时也带来了广泛的关注。

可以说，《求婚者》这幅作品得益于莫罗多年来所接受的艺术教育，该作体现了作者融合多种艺术元素的折中主义风格，莫罗将扎实、细致的画风与巧妙的色调设计（不但丰富多彩且变化多样）以及柔和的光线效果完美地结合在一起。柏拉图式的裸体男性与其他那些雍容华贵的人物并存，宏伟且经典的石柱上镌刻着绚丽的装饰，这所有的元素都分布在画面中心及其周围。莫罗还尝试将他的老师弗朗索瓦·爱德华·皮科特（François-Édouard Picot，1786—1868年）的新古典主义风格、夏赛里奥与德拉克洛瓦的浪漫主义风格以及自己所汲取的意大利文艺复兴风格融合在一起。值得注意的是，托马斯·库图尔作于1847年的作品《堕落的罗马人》（现藏于奥赛博物馆）给予了该作品极大的灵感，之所以这样说，是因为《求婚者》更像是在《堕落的罗马人》所描绘的场景中添加了一场无情屠戮后的画面。除了《堕落的罗马人》外，给莫罗提供了重要灵感的另一幅作品当属上文提到的大卫的《列奥尼达在温泉关》，该作品中簇拥着大量千姿百态的裸体男性，与画面中央专注冥思的国王列奥尼达形成了鲜明的对比。

Ⅸ

《伊阿宋王子》（1865年）这幅作品则可以被解读为向1863年逝去的

德拉克洛瓦的公开质疑，在当时技法与风格均已成熟的莫罗看来，德拉克洛瓦的作品所呈现的想象空间过于戏剧性、不真实，且过于激进。而在《伊阿宋王子》这幅作品中，莫罗选择了与德拉克洛瓦1838年的作品《愤怒的美狄亚》（该作经复制印刷后广为流传）高度相关的主题。不同的是，《伊阿宋王子》这幅作品是反戏剧性的且象征主义特点明显，可以说，《伊阿宋王子》这幅作品是莫罗绘画生涯中最为成功的作品之一。在《愤怒的美狄亚》这幅作品中，德拉克洛瓦刻画的是极具悲剧色彩的女主角在即将要杀死孩子的一瞬间那充满戏剧性且情感丰富的形象；相较之下，莫罗则通过美狄亚和伊阿宋王子二人那安静且若有所思的神态来向观众呈现二人之间微妙的关系。可以说，在这幅作品中到处都可以看到装饰艺术的痕迹与象征主义细节。《伊阿宋王子》中明显的仿古风格引起了当时人们的广泛关注与不解，应该说，这种仿古风格的意义就在于它预示着莫罗向世人还原最为纯正的历史画之愿望，这种仿古风格恰恰与被莫罗称为“风格体裁上的衰败”的德拉克洛瓦式作品以及巴洛克传统针锋相对。更加有意思的是，莫罗是如何在当时的主流艺术环境下巧妙地颠覆人们对传统叙事画的理解，并让尝试鉴赏他作品的观众困惑不解的。

莫罗的这幅作品描绘了古希腊神话里伊阿宋王子毕生最为关键的一段经历。作为阿尔戈英雄的首领，伊阿宋王子成功抵达了科尔基斯（曾经是一个王国，地理上位于今天的格鲁吉亚西部），女巫美狄亚（科尔基斯王国的公主，擅长使用魔法）用魔法帮助伊阿宋王子通过了自己父亲（科尔基斯王国国王埃厄忒斯）设下的重重险阻，并协助他杀死了守卫金羊毛的火龙。美狄亚深深地爱慕着伊阿宋王子，给予他一切必须的支持与保护，以换取伊阿宋王子迎娶自己的承诺。虽然德拉克洛瓦的作品描述的也是美狄亚和伊阿宋王

《伊阿宋王子》，居斯塔夫·莫罗，1865 年，莫罗美术馆藏

子之间的神话传说，但对应的却是该传说的后续情节——后来伊阿宋王子移情别恋，愤怒的美狄亚要杀死自己与伊阿宋王子所生的两个孩子。应该说，德拉克洛瓦严格遵循了莱辛关于如何抓取最为理想的瞬间来进行创作的准则，他从整个神话故事的叙事主线上清晰地截取了某一个时间点上的剧情，并以此定格于弥漫着紧张不安情绪的画面中（美狄亚那掺杂着愤怒、嫉妒与惊讶的表情以及两个孩子恐惧的神态）。而无论是从叙事技巧还是从心理暗示的角度看，莫罗的作品显然要复杂得多，难怪当时戈蒂耶会认为莫罗并没有清晰明确地告诉观众他的作品所基于的是神话传说中的哪一段情节。

在《伊阿宋王子》这幅作品中，莫罗通过金羊毛（作者将其刻画成了悬挂着公羊羊头且装饰华丽的柱子）与英雄脚下被杀死的火龙（作者以长着龙尾的鹰这样一个怪异的形象来刻画被杀死的火龙）向观众展现了伊阿宋王子的胜利姿态，边上折断的长矛则暗示着伊阿宋王子与火龙之间刚刚结束的殊死搏斗（但是在该希腊神话的故事原型中，火龙是被魔法给催眠的，而不是在搏斗中被杀死的）。伊阿宋王子通过重重考验后那胜利者般的姿态，与美狄亚对伊阿宋王子充满着嫉妒的爱意以及她可怕的魔法力量交织在一起，这全都集中在美狄亚右手所持的那只小瓶子上。在叙事过程中小瓶子象征着故事原型中的魔法药剂，不但给火龙催眠，帮助伊阿宋王子克服了其他挑战，后来恶毒的美狄亚还以此杀死了伊阿宋年轻的未婚妻；美狄亚手中的小瓶子其实也是一种代表女性娇弱的传统象征手法，就好像伊阿宋手中的剑代表着男性的阳刚一样。小瓶子本身不但在时间上对叙事起到了象征的作用，还达到了将画中人物形象寓言化的效果。莫罗将《伊阿宋王子》中的叙事与寓言化两部分融合成了不可分割的完美整体，在神话主题的基础上进一步表现出了相较于男性而言，对女性的憎恶感。

虽然说，画面中伊阿宋王子与美狄亚的躯体外形看上去比较接近，二人所摆出的姿势也使得他们的身躯轮廓在一定程度上得以重叠，以至于看上去就好像雌雄同体般地结合在一起。但值得注意的是，莫罗对二人在很多地方的差异与区别的刻画也是非常巧妙和生动的，伊阿宋那炯炯有神地凝视着远方的双目，以及他作为一名挥舞着剑与矛的勇士所展现出的孔武有力，都恰到好处地向观众展现了他散发着“阳刚气质”的那份率真与坦诚；而美狄亚那掩盖在“女性娇弱”特质下的狡诈与诡计多端则通过她微垂的眼眸与她所持的毒药小瓶子得到了完美的呈现。伊阿宋王子胯部所系着的缠腰带散发着浓郁且具有挑逗性的雄性阳刚气息，与紧贴着美狄亚胴体的薄纱上凸显女性纤弱阴柔之美的花朵形成了鲜明的对比。这些花正是有着强烈毒性的嚏根草（主要分布于欧洲，大约有20多个种类，多数均有剧毒，其中有着“圣诞玫瑰”之称的黑嚏根草更是有着浓郁的宗教色彩），这些能催眠的植物正是女巫们的最爱。换句话说，作者正是通过嚏根草，再一次以象征性的手法向观众展示了美狄亚的邪恶力量。可以这样说，在《伊阿宋王子》这幅作品中，由二人各自所对应的历史角色不仅有着鲜明的反差，而且是典型且带有成见的；之所以这样说，是因为这种对比与反差都是可以追根溯源至传统基督教艺术的象征手法，伊阿宋王子所摆出的胜利者姿态完全能够让观众联想到天使长米迦勒在圣经里的七日战争中击败恶魔撒旦或者是圣乔治屠龙的场景；而那优雅年轻的美狄亚的女性裸体形象自然会让观众脑海中浮现出那对伊甸园的情侣（亚当和夏娃），美狄亚就好比是夏娃，一名诱惑男子的女性，会给伊阿宋王子带来堕落与毁灭。具有讽刺意味的是，伊阿宋王子的胜利姿态从某种意义上被美狄亚那高高在上的傲慢神态给弱化了，美狄亚所站的位置相较伊阿宋王子更高，虽不显眼，却以一种占有与支配欲较强的姿势将手搭在伊阿宋王子的肩上，旁边悬挂公羊羊头的柱子顶端的斯芬克斯雕像则强化了这种女性诱惑与支配的思想主旨，这里象征着女性特质的元素来势汹汹地支配着那象征着男性特质的元素。蜿蜒缠绕在左边柱子上的经文护符匣（一种写着诗词或诗词韵文的带子）上所写的诗词正是出自古罗马诗人奥维德的《变形记》（《伊阿宋王子》最为重要的文学素材来源），其中一句诗文是这样写的："但是我抱着我心爱的人，躺在伊阿宋的怀里，将乘着无边的海浪前进，我拥抱着他就什么都不用怕了。"① 从这里可以看出美狄亚相信并深爱着伊阿宋王子。另一句诗却是这样写的："埃宋的英雄儿子因而就取得了金羊毛。他夺得金羊毛，煞是高兴；他携带着第二件胜利品，赐给他金羊毛的人，他的妻子。"②也只有上面这些拉丁诗文能帮助今天那些博学的观众去更好地理解这幅作品。由于作品中运用了明暗手法的关系，部分经文护符匣上的字迹显得有些模糊而无法辨认。因此，作品中所引用的拉丁诗文不仅提醒着观众它们和历史画之间的关联，同时也颇有讽刺意味地象征着莫罗的作品那神秘莫测、令人难以捉摸的特点，事实上，艺术沙龙的评论家们也认为《伊阿宋王子》这幅作品主旨太过模糊，借用查尔斯·德·穆伊的话："这就像是作者给观众出的一个谜题。"当时观众们难以理解《伊阿宋王子》这幅作品的原因是多方面的。比如，莫罗那非正统的反戏剧手法，或者是非常极端地减少了面部表情与肢体语言的使用。在穆伊看来，莫罗让美狄亚立于伊阿宋身后，似乎是一种象征性的构思或出于别的什么目的，但他又无法从二人那看似温和宁静的脸庞上捕捉到某种清晰的表情。根据作品本身

①② Peter Cooke(2017), *Gustave Moreau: history paintings, spirituality and symbolism*, New Haven: Yale University Press, P. 55，P.56.

所基于的神话传说，这种表情是理应表现出来的，也是他预期应该能捕捉得到的。正如穆伊自己所说的那样："我既无法从这个女孩的面容上看出她对伊阿宋王子的爱慕之意，也无法从伊阿宋的目光中看出任何胜利的喜悦，没什么能比这更加让人感到冰冷与费解了。"[①]圣维克托也这样评价过这幅作品："无法从伊阿宋那率真、坦诚且温和的面容上品味出任何言语或思绪，美狄亚的……也同样毫无意义。"[②]

《伊阿宋王子》这幅作品可以说是莫罗在19世纪60年代的创作中，集戏剧性、寓言化、装饰艺术等特点于一身，但在叙事层面上又不失唯美风范的缩影。虽然有些艺术评论家，如杜·坎普、戈蒂耶，甚至切斯诺都表达过对其高深技艺的敬意，但当时外界对于莫罗这幅1865年的作品的普遍反应却可以用圣维克托的一句评价来总结："莫罗非常博学，意志坚定且极具天赋，但如果他依然固执己见地使用这种死气沉沉的表现形式，主旨又如此模糊不清，他的天赋将无用武之地，如此含混不清且令人费解的创作方式绝不是重塑历史画的正确道路。"[③]

X

前面提到的奥赛博物馆的《色雷斯姑娘拿着俄耳浦斯的头》则一如既往地延续着莫罗早期在沙龙所展出作品的那种神秘莫测与令人费解的特点。事实上，《色雷斯姑娘拿着俄耳浦斯的头》无疑是莫罗19世纪60年代作品中最完美的例证。

---

①②③ Peter Cooke(2017), *Gustave Moreau: history paintings, spirituality and symbolism*, New Haven: Yale University Press, P. 56、P.57.

每当观众看到莫罗的《色雷斯姑娘拿着俄耳浦斯的头》，都会立刻诧异于作品中人物的面部表情或肢体活动的缺失：画中女子那优雅静谧的举止、质朴宁静的面部表情中肢体语言的缺乏。同样会让观众感叹的地方还有画中女子身着的那稀有精致的服装，盛着俄耳浦斯头颅的华丽的里拉琴，还有那暗淡模糊的风景与阴郁深沉的日出景象，颇有达·芬奇的风格。值得一提的是，虽然关于俄耳浦斯神话故事的题材后来经常出现在象征主义作品中，但莫罗的《色雷斯姑娘拿着俄耳浦斯的头》所采用的象征手法是高度原创性的，但从叙事层面上看，这幅作品是存在问题的：手中托着俄耳浦斯人头的女孩究竟是谁？她想用俄耳浦斯的头做什么？艺术沙龙中这幅作品旁的目录解释是这样写的："俄耳浦斯的头倚着希伯鲁斯河来到女孩身边，她虔诚地托着那盛着俄耳浦斯人头的里拉琴。"对于上面的这些问题并没有给太多的解释，因为在经典希腊神话中，并没有关于这名女子的任何描述。

不管怎样，最广为流传的研究与记录表明，在奥维德的《变形记》中，里尔琴与俄耳浦斯的头是被浪花冲上莱斯博斯岛的，而不是女孩在色雷斯的希伯鲁斯河边捡到的。虽然说艺术沙龙对莫罗的这幅《色雷斯姑娘拿着俄耳浦斯的头》的解释向观众呈现出这幅作品所基于的神话传说，但又在一定程度上（与神话传说）保持了自身的独立性。换句话说，对俄耳浦斯神话传说的了解，无法保证对作品本身的理解，因为这幅作品有它自己的表现形式与诗意韵味。

如果说《色雷斯姑娘拿着俄耳浦斯的头》那神秘莫测与令人难以理解的特征在当时18世纪60年代是有问题的，那么这幅作品的风格也应该存在同样的问题。虽然莫罗当时对色调的把握与技巧非常出众，也得到了广泛的认可，但他那15世纪欧洲文艺复兴式的痕迹以及明显的"离奇古怪的拟古主义”激起了当时评论家们的不满。相对于之前提到的《伊阿宋王子》，莫罗在《色雷斯姑娘拿着俄耳浦斯的头》中减少了装饰艺术与象征主义的细节，但这丝毫没有阻止评论家们对他的各种批判，如“过分注重细节且矫揉造作的象征主义”“以幼稚的方式追求细节”“美化装饰与珠宝刺绣的滥用”等。大量细节化装饰艺术应用在里拉琴与女孩所身穿的服装上，这些都违背了学院派风格标准。用奥古斯丁·约瑟夫·杜·帕斯的话来说，莫罗的作品中，“那些华丽的装饰是完全没有价值的，它们只会将人们的目光从纯洁的宗教元素中转移开来，刻意给画中的物件划分三六九等只能是它的一个缺陷”。[①] 难怪莫罗会由于以上这种种评论而在他后来的作品中以牺牲唯美性的代价来减少象征手法与装饰艺术的使用，典型的例子就是下面即将介绍的在1869的艺术沙龙中展出的《普罗米修斯》和《朱庇特与塞墨勒》。

XI

《普罗米修斯》描绘了这样一个场景：普罗米修斯违背宙斯的命令将火种带给人类而受到惩罚的故事。根据希腊神话的描述，裸露着的普罗米修斯被赫菲斯托斯用铁链锁在高加索山脉顶峰的一块岩石上；白天，一只秃鹰啄食普罗米修斯的肝脏，晚上他的肝脏又重新生长出来。普罗米修斯的神话传说在罗马文学中的意义也非常重大，作为一名有远见但悲剧性的人类创造者，普罗米修斯往往象征着被迫害的悲剧艺术家的形象。莫罗所选择的这个主题本身已经带有明显的象征色彩，他的这幅作品更进一步地引起了观众从哲学层面上的思考与解读，避开了寓言化的细节。事实上，该作品中普罗米

① Peter Cooke(2017), *Gustave Moreau: history paintings, spirituality and symbolism*, New Haven: Yale University Press, P. 65.

《普罗米修斯》，居斯塔夫·莫罗，1868 年，莫罗美术馆藏

修斯那长满胡须的头部让评论家能够很容易地看出作者实际上是想通过传统象征手法来暗喻耶稣基督。如果我们来看一下普罗米修斯那饱受折磨的形象，我们会发现他的双手被缚于身后，这不禁又让人想起耶稣受难日被鞭挞的情景。普罗米修斯头顶的火焰则象征着圣灵降临节。尤金·贝朗埃则指出，普罗米修斯头顶的火焰或许在叙事与象征主义的层面上有很多不同的解释："在普罗米修斯的头顶上，正是他偷来的那一小团天火，也正是借由这一小团天火的帮助，普罗米修斯赋予他所创造的第一个人类以生命，这团天火是他天才的象征，闪耀着希望与信念。"[①]

同样的，画中的秃鹰也在叙事上扮演着不可或缺的角色，莫罗并不满足于画中只有一只秃鹰（神话故事中只有一只秃鹰啄食普罗米修斯的肝脏），所以他画了两只秃鹰，其中一只正在啄食，另一只则已死去。对于这种象征手法的创新，戈蒂耶给出了一个具有一定合理性的解释："在普罗米修斯身旁的岩石上，躺着另一只已经死去的秃鹰，它执行折磨任务，但直至死亡也丝毫未能动摇泰坦（即普罗米修斯，因为他是泰坦神伊阿柏托斯与克吕墨涅之子）那坚定的信念，相比受刑者，行刑者反而由于筋疲力竭先倒下了。"[②]

莫罗通过自己独特的寓言化手法与技巧，充分地运用并升华了这部神话作品中的所有要素。在原来神话故事的原型上添加一只死去的秃鹰，以此暗示观众普罗米修斯所遭受折磨的时间是如此地漫长，从而凸显了这位英雄承受痛苦的超强忍耐力。另外，一些评论家也尝试着从叙事的角度去解读画中泰坦那如此坚毅且目光如炬的眼神，似乎要穿透整幅画面。正如戈蒂耶所说的那样："（普罗米修斯）甚至看到了未来赫拉克勒斯的出现（把自己从束

① ② Peter Cooke(2017), *Gustave Moreau: history paintings, spirituality and symbolism*, New Haven: Yale University Press, P. 65.

缚中解放出来）与朱庇特的失败。”[1]然而，普罗米修斯的脸上没有表现出任何渴望或焦虑的情绪，被缚的泰坦肌肉紧绷着，但他那庄重的姿态与不形于色的表情则呈现出普罗米修斯在面对迫害与折磨时那不屈不挠的庄严象征。

在解读《普罗米修斯》这幅作品的主题时，评论家们并不会遇到任何困难，因为他们已经很熟悉该主题所对应的象征意义了，这也是为什么他们会毫不犹豫地这样评价这幅作品：“宏伟壮丽的神话传说，看似被暴力所折磨的天才，但实际上他并没有输，因为他很清楚未来是属于他的。”[2]

Ⅻ

奥维德（《变形记（XIII）》，738—897年）描述了这样一个故事，嫉妒的独眼巨人，波吕斐摩斯遭到了海中女神伽拉忒亚的拒绝，转而用巨石砸死了她的恋人阿西斯。在《伽拉忒亚》中，性欲的色彩与元素得到了淋漓尽致的发挥。波吕斐摩斯那贪得无厌的眼神紧盯着伽拉忒亚美丽的酮体，他们之间的距离是如此之近，以至于给观众们一种波吕斐摩斯会带来巨大威胁的感觉。独眼巨人那绯红、粗鄙、丑陋的容貌与海洋女神那高雅、光芒四射的造型形成了鲜明的对比。这里借用切斯诺的一句话：“在这里，伽拉忒亚只是美丽的象征，女性的姓名。”而波吕斐摩斯所展示的则是“原始且粗鄙的巨人”或者说是“泥土肤色般的牧神潘恩”。画中的伽拉忒亚所摆出的是一种新古典主义的、几乎是“古埃及式的”造型，她侧身扭曲着的姿态仿佛把观众置于波吕斐摩斯的视线下。独眼巨人盯着海洋女神的脸庞，她向我们展示了其近乎于神一般的胴体，而使得观众们不得不站在偷窥狂波吕斐摩斯的角度欣赏这幅作品。

①② Peter Cooke(2017), *Gustave Moreau: history paintings, spirituality and symbolism*, New Haven: Yale University Press, P. 65.

《伽拉忒亚》，居斯塔夫·莫罗，1880 年，莫罗美术馆藏

《朱庇特与塞墨勒》，居斯塔夫·莫罗，1895 年，莫罗美术馆藏

XIII

在19世纪90年代，莫罗的作品愈来愈有转向天主教神秘主义的特征。就装饰艺术、象征主义的偏好以及汇合不同宗教信仰而言，《朱庇特与塞墨勒》可以说是莫罗具有里程碑意义的一幅作品，它从意识层面上很好地做到了对诗歌艺术的美化以及精神胜于物质这样一种思想的颂扬。画面中央的角色完全就是印度版的朱庇特，他的表情不禁让人联想起中世纪时期万能的主（耶稣），他一手拿着白色的荷花，另一只手则拿着阿波罗的里拉琴，坐在庄严的王座上，周围到处是绽放的花朵与立柱，下面是大量的象征性人物。莫罗的《朱庇特与塞墨勒》无疑是在向安格尔的《朱庇特与西蒂斯》致敬，因为莫罗很可能在1889年见过这幅作品。虽然安格尔所画的朱庇特看起来非常冷漠且面无表情，但实际上他已经受到了西蒂斯的诱惑；但在莫罗的《朱庇特与塞墨勒》中，垂死的塞墨勒优雅地将身体搭在朱庇特的膝盖上，而朱庇特本人却始终完完全全地未表现出任何变化。

《朱庇特与塞墨勒》（局部）

莫罗素描作品

XIV

我在莫罗美术馆里流连忘返。三楼有一长排橱柜，里面放着莫罗大量的素描，即便是草草浏览，也需要半天时间。我抽着看了一些素描，有不少是精品。

莫罗是不幸的，因为他偏离了当时的艺术主流，使他不能为更多人所了解和赏识；莫罗也是幸运的，他自给自足，无须向世界妥协，坚持走自己的路。他的绘画观者注定是小众的，在其他大博物馆他很容易成为一个配角，可他有自己的博物馆，可以充分展示自己各方面的才华。他的博物馆是永远开放的个人展览，让人无法遗忘他。

就像20世纪的现代诗人艾略特所言：他的诗只要每个世纪的一些读者读懂就可以了。莫罗没有凡·高的传奇性故事，没有毕加索那样让人眼花缭乱的营销手段，他的作品具有晦涩的文学性，这注定了莫罗的寂寞。可总有些人会爱上莫罗，在他的作品面前狂喜。

我算一个吧。

第七章

毕加索美术馆

毕加索美术馆所在地与毕加索生前的画室本没有什么关系，但它是 17 世纪的沙蕾宅邸，有其自身的历史与观赏价值。沙蕾宅邸于 1656—1660 年间建成。这座不朽的宅邸由一栋主楼、一间成直角的耳房、一个庭院和一座花园组成。沙蕾宅邸让建筑师让・布利耶・德布尔日有机会运用一些有时代特征的重大创新，其中包括宅邸不对称的建筑以及不同角度的半圆形庭院。

I

巴黎毕加索美术馆（Musée Picasso）离我们玛黑区的住宅只有400米的距离，美术馆所在地与毕加索生前的画室本没有什么关系，但它是17世纪的沙蕾宅邸，有其自身的历史与观赏价值。

沙蕾宅邸于1656—1660年间建成，也是建筑师让·布利耶·德布尔日唯一一件知名的作品。布利耶在建筑和装饰上的大胆设计受到两方面的影响：一方面是弗朗索瓦·芒萨尔和路易·勒沃这类伟大建筑师的影响；另一方面则是宫廷里的人们越来越欣赏新意大利巴洛克式风格。这座不朽的宅邸由一栋主楼、一间成直角的耳房、一个庭院和一座花园组成。沙蕾宅邸让布利耶有机会运用一些有时代特征的重大创新，其中包括宅邸不对称的建筑以及不同角度的半圆形庭院。

沙蕾宅邸可谓是奢华的住宅，三角楣饰这类丰富的装饰物与均质裸石墙面的庄严形成鲜明的对比。宅邸内部的大楼梯是布利耶的杰作，而布利耶也赋予了这一元素引人注目的尺寸，连新的视觉游戏都考虑了进去，一览无余的视野和透视效果把楼梯变成了真正的“剧院”。饰有小精灵、花环、雄鹰和神灵的装饰品给房间增添了奢华的氛围。

到了17世纪中期，引人注目的建筑物体现了富人们的品位，他们渴望炫耀自己的权力和最近获得的财富。在为财富成婚和不断购买宫廷职位后，奥贝尔作为财政部长尼古拉·富凯的门生和国王的顾问，成为巴黎最重要的一位金融家。奥贝尔在托里尼街买了一块土地，然后建造了一栋房子以配得上自己的社交野心。由于奥贝尔当时负责征收皇家食盐税，因此他修建的这栋房子就以其职位命名，从字面上来说，沙蕾宅邸可以译为“盐的宅邸”（Salty Hotel）。

沙蕾宅邸

然而，奥贝尔的保护者尼古拉·富凯受审之后，奥贝尔的财富和权力也岌岌可危。富凯是帝国内最有权势的人，遭到让·巴普蒂斯特·柯尔伯特的妒忌，1661年路易十四命令逮捕富凯。富凯的垮台也连累了奥贝尔，他不得不在1663年离开沙蕾宅邸，五年后便过世了。

Ⅱ

毕加索美术馆的藏品极为丰富，但我们去的时候，只有部分楼层开放，也许巴黎的一些博物馆冬天就是这样，我们见怪不怪。下面我只能结合自己的亲眼所见和图录谈一些感兴趣的作品。当然，我也翻阅了不少介绍毕加索的资料和书籍，主要参考的是巴黎毕加索美术馆的官方指南、《马蒂斯与毕加索：画坛双擘的对抗与友谊》和《外国名家精读：巴勃罗·毕加索》。

毕加索是个绘画天才，追随着西班牙黄金时代的朱佩塞·德·里贝拉和弗朗西斯科·德·苏巴朗这些大师的脚步，不到14岁就画出了《赤脚女孩》。画中赤着脚、难过地噘着嘴的女孩，严肃的姿态、无色彩的背景和天顶的光线，这一切都强化了自然主义的风格。然而，毕加索却以矫饰主义的风格处理画中的人体结构：不对称的和过大的双眼、双手和双脚表达了画家对这位模特的同情；画家细心观察、探求着这位模特，而不是仅仅只关注她的外貌。《赤脚女孩》是第一幅体现一个反复出现的主题的画作，即一位端坐着、受到人们观察但本身也善于观察的女士，毕加索在自己整个作品中不断地修改和更新这一主题。

描绘西班牙咖啡馆场景的《帕若利罗咖啡馆音乐会》虽然创作于巴塞罗那，但也透露了巴黎前卫派对毕加索的影响。1900年毕加索第一次在巴黎待了一段时间，画中的每一处都不禁让人想起图卢兹·劳特雷克在诸多作品中所描绘的夜生活场景。要是没有那些女士头上戴着的红花或者背景里跳弗拉明戈的舞女所穿的连衣裙，我们甚至会认为画中的场景是在巴黎。然而，毕加索并没有屈服于如花一般的诱惑，他把民艺演出放在画面的后方，更加关注台下的公众，也让观画之人的注意力聚焦在咖啡馆内观众的正当中。毕加索随意地分开了两侧的人物，这阐释了由德加首次构思的绘画空间的新视野对框架选择的影响。这幅油画的笔触形成鲜明的对比，红白相间让人联想到凡·高的笔触，使这幅画显得更有生气。

令人惊叹的是，体现毕加索“前野兽主义”特点的《帕若利罗咖啡馆音乐会》充分体现了当时年仅20岁的毕加索成为“描绘现代生活的画家”的过程。

《赤脚女孩》，毕加索，1895 年初，毕加索美术馆藏

《帕若利罗咖啡馆音乐会》，毕加索，约 1900 年，毕加索美术馆藏

Ⅲ

毕加索在巴黎的时候与朋友卡萨吉马斯住在一起。卡萨吉马斯疯狂地爱上了生于巴黎蒙马特、有西班牙血统、会说西班牙话的热尔梅娜，虽然热尔梅娜也喜欢他，但对他床上的能耐极为沮丧。后来，热尔梅娜拒绝了卡萨吉马斯，他只能回西班牙。在告别聚会上，朋友们都喝了很多酒，卡萨吉马斯突然掏出了一把左轮手枪，对准情人扣下了扳机，但没打中，接着他用枪自杀了。

这件事震惊了毕加索，他之后画了几幅与卡萨吉马斯之死有关的画作，最有名的一幅是大型的伪宗教主题《招魂：卡萨吉马斯的葬礼》，开启了画家的“蓝色时期”风格；另一幅就是毕加索美术馆的《卡萨吉马斯之死》。

《招魂：卡萨吉马斯的葬礼》，毕加索，1901 年，巴黎市现代艺术博物馆藏

《卡萨吉马斯之死》，毕加索，1901年，毕加索美术馆藏

毕加索与他倒霉的朋友不同，虽然他身材矮小，算不上英俊，却有股摄人心魄的力量，尤其他的眼神就是西班牙人所说的典型的“热烈的凝视”，在毕加索生长的安达卢西亚，人们说这种眼睛是“直通性器官的……如果用太过露骨的眼神注视一个女人，就好比视觉上的强奸”。①

毕加索在蒙马特一个叫“洗衣船”的大杂院住了五年，在这里他遇见了费尔南德。她的个头比毕加索高许多，身材丰满，长着一双杏眼，散发着一种慵懒而性感的气息。到了她18岁的时候，一手带大她的姑妈逼她嫁给商店职员佩舍龙。佩舍龙强奸了她并在自己外出时把她锁在家中，后来直到费尔

① [美] 杰克·弗莱姆：《马蒂斯与毕加索：画坛双擘的对抗与友谊》，程文华、陈松松、段友国译，上海交通大学出版社2014年版，第15页。

南德流产之后，她才趁机逃走。

她做了模特，并和雕塑家鲍姆一起住在洗衣船。鲍姆不仅暴力，还和为他摆造型的十二三岁的小女孩偷情，她离开了鲍姆。后来，毕加索住进了洗衣船，很快便盯上了费尔南德，但费尔南德并不喜欢毕加索，而是与另一位西班牙画家苏涅尔住在一起。

毕加索并不死心，他发现费尔南德只不过是在肉体上对苏涅尔感兴趣，他邀请费尔南德到画室共尝鸦片，然后一起“快乐”地生活了。

毕加索与费尔南德热恋后，因爱生妒的脾气暴露了。毕加索曾抓到她与别人调情，他的惩罚则是把她锁在画室，在没有自己陪伴的情况下禁止她外出。也许是为了报复，也许是出于绝望，费尔南德在1907年曾和一位法国诗人有过短暂的男女关系。

1909年，毕加索用分析立体主义手法为费尔南德制作了一座《女人头像》的青铜雕塑。毕加索并没有违背雕塑完整体块的传统原则，以一系列引人注目的斜面对表面进行塑造，这些在构造衔接处的有力的肌肉的“重音”形成了节奏的互动，但它们也撕破了雕塑表面的表皮。

《女人头像》，毕加索，1909 年，毕加索美术馆藏

1911年秋，关系恶化的他们终于分手了，导火索是费尔南德与22岁意大利未来主义画家奥皮的恋情。她让一个与画家马尔库西同居的女子伊娃为自己给奥皮送一封信，没想到伊娃早与毕加索好上了，毕加索找费尔南德对质，他们就分手了，毕加索则和伊娃私奔到克里特岛。

Ⅳ

毕加索在1913年曾为伊娃画过一幅有名的《扶手椅中的女人》，但由私人收藏。

1917年，35岁的毕加索在罗马邂逅了欧嘉·科克洛娃，当时他正忙着给芭蕾舞剧《游行》制作布景，科克洛娃是由迪亚吉列夫带领的俄罗斯芭蕾舞团的一名舞者。1918年，毕加索和欧嘉在巴黎成婚。毕加索之所以愿意结婚，可能是因为欧嘉拒绝在婚前发生性关系，她的处女之身让毕加索觉得她和其他女人不一样。

《欧嘉坐在扶手椅里的画像》，毕加索，1917年，毕加索美术馆藏

第一次世界大战期间，毕加索再度回归19世纪的法国画家安格尔作品中经典又世俗的线条。在《欧嘉坐在扶手椅里的画像》中，主人公身穿与保罗·波烈创作的时装相似的优雅服饰，看起来一动不动，显得很拘束：这一姿势是毕加索一生中给女士画肖像时通常使用的姿势。然而，欧嘉并不是一直坐在那儿让毕加索作画，毕加索是根据一张照片给欧嘉画画像的。毕加索重现出扶手椅上同样大小的叶子和花朵、真丝连衣裙上带小绿叶的桃红色花瓣、折扇上看上去有点移位的装饰品以及欧嘉头发中间的线条，

尽管背景消失不见了，但是扶手椅的椅脚和这位舞者的双脚却给有一些阴影的粗糙画笔痕迹腾出了地方。欧嘉非常喜欢这幅画，之后她成了一名模特。欧嘉曾在跳舞时受过一次伤，此外，作为毕加索妻子的新身份也不适合让她再继续跳舞。

V

可惜好景不长，他们还在度蜜月的时候，彼此就发现各自的品位和期待有诸多不同。毕加索和欧嘉相处的时间越长，越觉得她乏味无趣，而且缺乏激情。

毕加索对欧嘉失去兴趣后，埋头在工作室里作画。

《海边奔跑的两个女人（赛跑）》看上去自相矛盾，这是因为毕加索为了描绘出充满活力、有力量但又令人紧张的画面而使用了小的尺寸。画中两位体型巨大的女人飞向点缀着朵朵白云的蔚蓝色天空，虽然标题提到了赛跑，但是两位女子看起来就像在翩翩起舞，女子不成比例的体形也没破坏画面。毕加索在与俄罗斯芭蕾舞团合作之时得以观察到舞者的移动，实际上，这幅水粉画在1924年为了《蓝色列车》的舞台幕布而进行过扩大。《蓝色列车》这部芭蕾舞剧让人们想起了黄金二十年代期间的地中海地区以及在大海中沐浴的新潮流。在迪纳尔度过的那年夏天，毕加索发现那些舞者也是喜欢游泳的。这些舞者身上复古般的服饰和她们稍嫌不匀称、雕塑般的轮廓让人们想起毕加索于1921年夏天在枫丹白露描绘的丰碑式又经典的人物，画中的女士作为迈那得斯——神话中酒神狄俄尼索斯的信徒——变得惟妙惟肖，毕加索首次在普拉多博物馆的古老的浅浮雕上发现了这些人物。毕加索把自己的多种绘画实验法融合在这幅小型油画里。

《海边奔跑的两个女人（赛跑）》，毕加索，1922年，毕加索美术馆藏

保罗是毕加索和欧嘉的儿子，出生于1921年，毕加索在那个时候重拾起自己在蓝色时期和玫瑰时期的创作主题——母性、家庭和儿童肖像画。《扮丑角的保罗》里的小男孩打扮雅致，扮成毕加索曾经在1905—1906年描绘过的马戏团角色。保罗站在简简单单、毫无装饰物的背景里凝视着观众，这幅画特别细致和经典，但是由于画中的小孩失去了平衡，靠在椅子上，泄露了这位小模特的纤弱。草图和已完成画作之间的交替突出了菱形图案和小孩子的面容。此外，为了更好地衬托脸庞，毕加索用大轮状皱领围绕着小男孩的脸庞，尽管这一细节让这幅油画看上去更加逼真，但也让人想起西班牙黄

《扮丑角的保罗》，毕加索，1924 年，毕加索美术馆藏

金时期的委拉斯凯兹创作的婴幼儿画像，或是18世纪初的法国画家让–安东尼·华托创作的《皮埃罗》。因此，毕加索以看似天真的伪装把西班牙和法国几个世纪以来的绘画技巧融汇贯穿于这幅儿童肖像画中。

Ⅵ

1927年1月8日，毕加索在巴黎老佛爷百货公司门前第一次遇见了玛丽·泰蕾兹。玛丽1968年回忆道："我认识毕加索的时候17岁，还是个天真的小女孩，我一无所知——对生活，对毕加索更是如此。我当时正要去老佛爷百货商店买东西，毕加索看到我从地铁口走出来，他抓住我的胳膊，对我说：'我是毕加索！你和我将会做一些很棒的事情。'"①

玛丽身材高大健美，自信美丽，散发着迷人的女性魅力，她的外形颇有几分类似费尔南德。尽管她算不上特别聪明，但她不爱索取，用情很深，对毕加索的财富或名望没有任何企图，纯真朴实。

1928年夏天，当时毕加索正与欧嘉和保罗在布列塔尼岸边的迪纳尔小镇度假，暗中却带上了玛丽，并把她安置在一处私宅里，两人当时一直在海边的小屋里幽会。这些故事直接记录在那年夏天他创作的一系列小型作品中。毕加索美术馆中的《在海滩上玩球》，尽管手法近乎天真，却包含了性爱的含义，它体现在女性裸体扭曲变形的形态上。背景中落在小木屋上的影子以及女性皮肤上晒黑和未晒黑的两部分的结合，证明毕加索的眼睛对细节的高度敏感。《马蒂斯与毕加索：画坛双擘的对抗与友谊》的作者杰克·弗莱姆要我们特别注意的是女人的阴道和肛门都被赤裸裸地展现出来，肛门尤其显

① [美] 杰克·弗莱姆：《马蒂斯与毕加索：画坛双擘的对抗与友谊》，程文华、陈松松 、段友国译，上海交通大学出版社2014年版，第131页。

《在海滩上玩球》，毕加索，1928 年，毕加索美术馆藏

得突出，这种形象在毕加索的作品中屡见不鲜，似乎他有意以这种炫耀性嗜好的方式来打破社会禁忌。这些小型作品所展现的率直令人瞠目。

《阅读》描绘的是玛丽膝盖上放着一本书，气氛安详宁静。

这幅作品构图均衡，色彩组合富有装饰性，它隐含了毕加索对年轻爱人的迷恋。《斜倚的裸体》是以玛丽为灵感的众多作品之一，是一幅赤裸裸的色情图像，这个女性裸体躺在一片火热的背景下，极为性感地暴露在观众面前。

《拿着一束花的裸体》中充满性爱意味的图像几乎占满了整块画布。画家将她放在阳台打开的百叶窗中间，背景是一片野性的绿色风景。和许多作品一样，这个女人欲求旺盛的天性只为观看者展露，这出于一种窥阴癖，它

《阅读》，毕加索，1932 年，毕加索美术馆藏

《斜倚的裸体》，毕加索，1932 年，毕加索美术馆藏

贯穿了毕加索的整个艺术生涯。

相比之下，欧嘉在毕加索的眼中则是《红色扶手椅中的巨大裸体》，它与这个阶段的其他图像不同，它没有将女性的身体碎片化。尽管如此，它的变形或许更加厉害，这个躯干还是一个整体，但它却以极度畸形的样子呈现在我们的面前——嘴巴大张着，露出凶恶的牙齿，令人对整个人物肉体的厌恶感更加强烈。

《拿着一束花的裸体》，毕加索，1934 年，毕加索美术馆藏

《红色扶手椅中的巨大裸体》，毕加索，1929 年，毕加索美术馆藏

Ⅶ

1935年10月，玛丽为毕加索生下一个女婴，然后毕加索决定与欧嘉离婚，为此欧嘉与毕加索闹得不可开交。

毕加索在与欧嘉离婚的同时竟与1936年年初相遇的29岁的摄影师朵拉好上了，有好几年时间，她都是毕加索的情人，有时候，他们甚至住在一起。

毕加索美术馆里有画家1937年创作的《朵拉肖像》和《玛丽肖像》，后者性感，前者在某种程度上更复杂，朵拉的眼睛以一种几乎不可能存在的视角直视着观众，整个感觉似乎有更多的心理因素。毕加索在告知我们，他对朵拉感兴趣的是其头脑，玛丽的则是身体。

《朵拉肖像》，毕加索，
1937 年，毕加索美术馆藏

《玛丽肖像》，毕加索，
1937 年，毕加索美术馆藏

据弗莱姆分析，毕加索把生命中的女人变成了程式化的角色。例如，30年代时，欧嘉代表的是歇斯底里、贪得无厌的泼妇；玛丽象征温柔性感的大地女神；朵拉成为痛苦的受难者。在他的生活中，她们是真实的人，但在他的艺术中，她们又是戏剧中的角色。她们表现的性格也许是基于真实的人物，就像有些小说人物那样，但不管怎么说，她们还是虚构的想象。因此我们能够明白朵拉后来所说的："所有关于我的肖像画都是谎言。她们都是毕加索，没有一张是朵拉。"毕加索利用了她的性格，然后转化为一种公众形象，这个形象既像又不像这个名叫朵拉的女人。

Ⅷ

1943年，就在毕加索逐渐疏远朵拉的时候，他爱上了一位学艺术的年轻学生弗朗西丝·吉洛。

1946年春，弗朗西丝·吉洛和毕加索已经一起在奥古斯丁大街生活了一年，这位年轻的女子曾经是毕加索生活和艺术的重要组成部分，尤其是在毕加索那些用平版印刷术放大的素描画中。毕加索在1945年秋天偶遇了版画大师费尔南多·穆洛，这次邂逅让毕加索有机会重新发现自己25年来一直没有使用过的技艺——平版印刷术。于是，毕加索开始制作出成百上千的平版画。《弗朗西丝的肖像》很快浮现出来：令人愉快的鹅蛋脸，明亮的双眸和浓密的头发；和一些类似马蒂斯的、掌控画纸空白处的线条所暗示的一样。事实上，弗朗西丝是马蒂斯的倾慕者，在几个星期之前还和自己的爱人一起拜访过马蒂斯。与毕加索的其他模特不同，弗朗西丝并没有坐在椅子里，她臣服于毕加索的迫切渴望，毕加索希望通过在纺犊皮纸上成倍地画出肖像，赋予自己的作品以鲜活的生命。毕加索有时候一天（1946年6月14日）能画出

《弗朗西丝的肖像》，毕加索，1946 年，毕加索美术馆藏

十幅作品。得益于这些画像的多样性，为平版画而作的这些画像都展现了这位年轻女子的美丽和个性。

1947年，66岁的毕加索又得一子。

Ⅸ

1953年9月，吉洛离开了毕加索。12月，她回来接走了他们的孩子。这时恰逢圣诞假期，毕加索美术馆的名作《影子》在前几天刚画完，这幅画的背景是真实场景——他们的卧室——甚至是一些小细节，例如画中的玩具马车也是真实的。不过弗莱姆认为，这幅画依然复杂难解，因为它结合了两个光源——门口和窗口——因此人物的形象分裂令人困惑。有人问起过毕加索这幅画，他回答道："这就是我们的卧室。你看到我的影子了吗？我刚好从窗口走过，那你看到我的影子和太阳投射在床和地板上的光线了吗？"

阳光从窗口射入，勾画出卧床女子的形象，并且可能投射出画家的影子，但是画家似乎是站在门口，如果投下的是他的影子，他就同时在两个方向出现了。从某种意义上来说，也确实如此：他既站在画中，也站在自己的身后，看着自己在门口的影子，注视着床上这个他已失去的女子的幽灵。

和毕加索的其他作品一样，这幅画的答案就是，他"既在这里，也在别处，好像能够分身……天生的双重身份，他既能从自己所处的角度，也能同时从其他角度出现……在他的身上，矛盾也能统一"。[①]由于光线造成的强烈反差，女人看起来好似鬼魂。她会比他更真实吗？在现实中她已不再存在，在心理上她依然存在吗？对于一幅非现实主义的作品来说，能够如此生动地

---

① [美] 杰克・弗莱姆：《马蒂斯与毕加索：画坛双擘的对抗与友谊》，程文华、陈松松 、段友国译，上海交通大学出版社2014年版，第198页。

《影子》，毕加索，1953 年，毕加索美术馆藏

同时表现出真实的光线效果和诗一般的意境，这是多么奇妙的事啊。画家的影子重回这个房间（或者说在这里出没），似乎是想重温那段永远失去的时光。

弗莱姆认为《影子》是毕加索最令人感动的表现孤独的作品，这种孤独感一直萦绕在他的心头，因此他不断从绘画和女人身上寻求慰藉。完成《影子》后不久，有一次与朋友们吃饭，席间大家问他正在画什么主题。

毕加索回答："我自己的漫画，我是一只猴子、一个矮人，任何你希望的东西，我就是一个戴着面具的人，我的生活一片混乱。你们知道吗？这是我生命中第一次没有了女人。早晨起床的时候，我有时会对自己说，'你不可能是毕加索'。"①

X

《双手交叉的雅克琳娜》是毕加索为雅克琳娜·罗克创作的第一幅画像，雅克琳娜是毕加索的最后一任伴侣。雅克琳娜所摆的姿势、长长的细颈、双手抱着的膝盖和棱角分明的线条在她所有的画像中不停地出现，也会交替出现年轻的雅克琳娜围着黑色围巾坐在摇摆椅里的画像。这些画像暗指西班牙的原型，完美体现出毕加索的图解风格。1906年夏天，毕加索待在戈索尔的那段时间创造了图解风格。因此，雅克琳娜·罗克很快就有了两副面容，实际上，这种雕刻般半侧面的"狮身人面像"早在几个星期前就已经在给妙龄女郎西尔韦特·戴维画的一系列画像中进行过尝试。此外，这幅雅克琳娜坐在瓷砖地板上、身穿一件亮黄色条纹外衣的肖像画也遵循了马蒂斯和德拉克洛瓦所珍视的《女奴隶》的传统，毕加索在几天之后便满怀激情地

① [美] 杰克·弗莱姆：《马蒂斯与毕加索：画坛双擘的对抗与友谊》，程文华、陈松松 、段友国译，上海交通大学出版社2014年版，第199页。

《双手交叉的雅克琳娜》，毕加索，1954 年，毕加索美术馆藏

把《女奴隶》画在自己的笔记本上。1954年12月，毕加索根据《后宫里的阿尔及尔妇女》（1834年，卢浮宫藏）完成了许多图解式的系列画作。最终，或许我们可以在这个粗略完成的轮廓里，发现与当时法国画家贝尔纳·布菲（Bernard Buffet，1928—1999年）作品的呼应，画中坚定而自信的人物由复杂的借鉴交织而成，对毕加索来说也是一个非凡的绘画对象。

XI

《静物与牛头骨》是画家与马蒂斯之间联系中断和恢复的证明。马蒂斯是毕加索的旧友也是敌人，于1954年过世。开着的窗户前面放的静物和地中海般的景色是马蒂斯的作品中一直出现的主题，从他第一幅野兽派作品（《开着的窗户》，1905年，华盛顿国家美术馆藏）一直贯穿到战后的作品（《红色房间：蓝桌上的静物》，1947年，北莱茵-威斯特法伦艺术品收藏馆藏）。

从传统上来说，开着的窗户对于绘画而言是一种隐喻，在马蒂斯的作品里，这一隐喻既可以指窗户，也可以是画作。在《静物与牛头骨》这幅画中，毕加索借鉴了好友画作中频繁出现的红蓝色对比，然而，窗外只有几朵云；此外，毕加索还在窗台上展示了一个牛头骨，画中无处不在的红丹暗示着牛头上吸引人们注意力的血。这幅画有些残忍，正如马蒂斯画笔下满足于感官享受的宁静世界受到毕加索笔下象征斗牛的事物的打扰。

毕加索与马蒂斯之间的关系实在耐人寻味。1954年11月3日马蒂斯离世，他的家人首先通知的就有毕加索，当时是一位佣人接的电话，等待了很长一段时间后，佣人回话说，毕加索正在吃午饭，不能被打扰。几个小时后，马蒂斯的家人以为毕加索没接到消息，于是再次给他打电话，毕加索依然没接电话。当他们第三次打来电话时，却被告知，“毕加索先生没什么可说的，

《静物与牛头骨》，毕加索，1958 年，毕加索美术馆藏

因为马蒂斯已经死了。”据马蒂斯的女儿说，毕加索从未发来过电报或是送来留言。

弗莱姆猜测也许毕加索依然无法接受马蒂斯已经去世的消息。也许像普鲁斯特一样，几乎所有的艺术家都认为创作可以从某种程度上推迟死亡的来临，但一直工作到生命最后时刻的马蒂斯的死讯动摇了毕加索的信念。

马蒂斯的死确实深深地影响了毕加索，他死后的两周时间里，毕加索没拿起过画笔。几周后，当一位客人提起马蒂斯的事情时，毕加索面带哀思地望向窗外，喃喃自语道：“马蒂斯死了，马蒂斯死了。”

毕加索美术馆收藏了一件《非洲女巫》，是马蒂斯送给毕加索的，毕加索一开始拒绝了它，认为马蒂斯是因为害怕它，才送给自己的。但马蒂斯死后，《非洲女巫》还是来到毕加索的画室中。

《非洲女巫》，毕加索美术馆藏

毕加索还收藏了7幅马蒂斯的作品，而且常说“我感到越来越离不开它们了”，其中一些作品是毕加索购买的，但是年长的马蒂斯却从没有买过毕加索的任何一件作品。马蒂斯一辈子都把毕加索看作“小孩”，尽管他心中对毕加索充满了敬意，也极为欣赏甚至妒忌毕加索的惊人天赋，但他心气很高，一直不愿意购买其他人的作品。

毕加索倒是与德加一样，也是艺术品收藏家，在毕加索美术馆内就展示了勒南、柯罗、威雅尔、塞尚、高更、马蒂斯、卢梭、雷诺阿、勃拉克、莫迪里阿尼、米罗、德加、席里柯和贾科梅蒂的作品。

XII

在人生的最后几年，毕加索日益与世隔绝，他的最后一任妻子也鼓励他与家人和老朋友断绝往来。1964年，吉洛与30年前的费尔南德一样出版了回忆录，毕加索同样陷入了痛苦的法律大战。更糟糕的是，吉洛的书比费尔南德更加深入地揭露了毕加索的私人生活。

《吻》，毕加索，1969 年，毕加索美术馆藏

尽管毕加索遭受了肉体和精神的双重打击，但他晚年的作品风格仍然不屈不挠。

毕加索美术馆内的《吻》描绘的色情场景在毕加索晚年变得更有挑衅意味，不仅是主题，甚至连绘画技法都变得更为暴力。我们可以看到明显的笔触痕迹，毕加索似乎想要通过绘画的手法强调这幅画的主题，在那些年，他不断地重复这一特别的主题。

《斗牛士》这幅画尽管只是想象的斗牛士的肖像，但画中人物似乎是年迈的毕加索的化身。毕加索是一位斗牛爱好者，牛和斗牛士的主题经常出现在他的作品中。在这幅画中，他略去了所有有关斗牛的内容，更希望创作一幅纪念碑式的肖像。毕加索晚年的这幅作品似乎是以一种对抗即将临近死亡的狂暴节奏而匆匆画成的。无论这些年的作品有多么粗糙——有些是勉强完成或者完全没完成——但很多作品还是保留了毕加索的创造力。

《斗牛士》，毕加索，
1970 年，毕加索美术馆藏

1973年4月8日，毕加索死于心力衰竭。

参考书目

1. [美] H.W.詹森、J.E.戴维斯：《詹森艺术史》，艺术史组合翻译实验小组译，湖南美术出版社2017年版。

2. [美] 弗雷德·S.克莱纳、理查德·G.坦西、克里斯丁·J.玛米亚：《加德纳世界艺术史》，诸迪、周青译，中国青年出版社2007年版。

3. [法] 丽莎·大卫逊、伊丽莎白·爱尔：《巴黎》，郭雪贞译，辽宁教育出版社2001年版。

4. 澳大利亚Lonely Planet公司编：《巴黎》，邹云、李文雯、彭蕾译，中国地图出版社2015年版。

5. [德] 瓦尔特·本雅明：《巴黎，19世纪的首都》，刘北成译，商务印书馆2015年版。

6. [美] 大卫·唐尼：《巴黎，巴黎：漫步光之城》，陈丽丽、吴奕俊译，生活·读书·新知三联书店2016年版。

7. 罗惠珍：《巴黎不出售：人人有房住、生活低负担的法国好宅新思维》，（中国台湾）尖端出版社2015年版。

8. [英] 科林·琼斯：《巴黎城市史》，董小川译，东北师范大学出版社2008年版。

9. [法] 贝纳德·马尔尚：《巴黎城市史：19—20世纪》，谢洁莹译，社会科学文献出版社2013年版。

10. 欧洲大丈夫：《巴黎大丈夫》，（中国台湾）尖端出版社2017年版。

11. [美] 史蒂芬·柯克兰：《巴黎的重生》，郑娜译，社会科学文献出版社2016年版。

12. [法] 罗杭·德奇：《巴黎地铁站的历史课：从西堤岛到新凯旋门，纵横法国古今2100年》，李桂蜜译，（中国台湾）商周出版社2013年版。

13. [英] 安德鲁·哈塞：《巴黎秘史》，邢利娜译，商务印书馆2012年版。

14. [英] 格雷厄姆·罗布：《巴黎人：探索巴黎历史的神奇之旅》，许婧、王利军译，北京大学出版社2011年版。

15. [韩] 秦京秀：《巴黎，如此美味：美味寻踪》，金青松译，中国水利水电出版社2013年版。

16. [日] 殿真理子：《巴黎散步之旅》，吴乃慧译，（中国台湾）天下杂志股份有限公司2016年版。

17. [日] 狄野雅代、樱井道子：《巴黎：体会文艺法兰西》，张利峰译，电子工业出版社2015年版。

18. 缪咏华：《巴黎文学散步地图》，中信出版社2017年版。

19. [法] 玛丽·勒高佐：《巴黎闲逛，走进老房子》，徐峰译，南海出版公司2016年版。

20. [美] 若昂·德让：《巴黎：现代城市的发明》，赵进生译，译林出版社2017年版。

21. [美] 大卫·哈维：《巴黎，现代性之都》，黄煜文译，（中国台湾）群学出版有限公司2007年版。

22. [日] 殿真理子：《巴黎寻宝：杂货中的时尚》，何涛、姚强译，人民邮电出版社2013年版。

23. 丁奕岑主编：《巴黎与近郊 No.40》，（中国台湾）墨刻出版社2017年版。

24. [意] 劳伦莎·沙拉蒙、玛塔·阿尔法雷斯·冈萨雷斯：《版画鉴赏方法》，杨韵涵译，北京美术摄影出版社2016年版。

25. [爱尔兰] 萨缪尔·贝克特：《贝克特全集21：论普鲁斯特》，陈俊松译，湖南文艺出版社2017年版。

26. 郑治桂、林韵丰：《360° 感觉雷诺瓦》，（中国台湾）原点出版社2013年版。

27. [英] 约翰·理查德森：《毕加索传：1881—1906（卷一）》，孟宪平译，浙江大学出版社2016年版。

28. [英] 约翰·理查德森：《毕加索传：1907—1916（卷二）》，孟宪平译，浙江大学出版社2017年版。

29. [美] 盖里·凡·哈斯：《毕加索的青葱岁月》，阿布、傅薇译，新世界出版社2017年版。

30. [美] 拉里·威瑟姆：《毕加索和杜尚：现代艺术的灵魂之争》，唐奇译，中国人民大学出版社2014年版。

31. [意] 费德里科·波莱蒂：《波提切利》，束光译，北京时代华文书局2015年版。

32. 杜一雄：《不艺术，不法国》，鹭江出版社2017年版。

33. [日] 中野京子：《从莫奈到凡·高，印象派里有什么》，徐天鸿译，电子工业出版社2017年版。

34. [奥] 西格蒙德·弗洛伊德：《达·芬奇的童年回忆》，张恒译，九州出版社2014年版。

35. [法] 安托瓦内特・诺曼德・罗曼：《罗丹》，蔡莲莲、顾珏弘译，北京美术摄影出版社2015年版。

36. [法] 埃莱娜・比奈：《罗丹：激情的形体思想家》，周克希译，吉林出版集团2015年版。

37. [英] 约翰・伯格：《看》，刘惠媛译，广西师范大学出版社2015年版。

38. [英] 马丁・坎普：《达文西的真实世界》，漆文欣译，（中国台湾）五南出版社2015年版。

39. [英] 亚当・瓦特：《普鲁斯特评传》，辛苒译，漓江出版社2014年版。

40. 周克希编译：《普鲁斯特书房：笔记本》，华东师范大学出版社2016年版。

41. [法] 莱昂・皮埃尔－甘：《普鲁斯特传》，蒋一民译，重庆大学出版社2011年版。

42. [英] 爱德蒙・怀特：《马塞尔・普鲁斯特》，魏柯玲译，生活・读书・新知三联书店2014年版。

43. [法] 亨利・拉西莫夫：《亲爱的普鲁斯特今夜将要离开》，陆茉妍、余小山译，四川文艺出版社2017年版。

44. [奥] 斯蒂芬・茨威格：《善于活着的人：蒙田》，王雪娇译，中华工商联合出版社2016年版。

45. [法] 马德兰・拉扎尔：《蒙田传》，马振骋译，上海人民出版社2015年版。

46. 何政广主编：《夏尔丹：反映真实生活的写实画家》，艺术家出版社2013版。

47. [法] 吉勒・普拉吉：《塞尚的餐桌》，和灿欣译，中国摄影出版社

2012年版。

48. [英] 罗杰·弗莱：《塞尚及其画风的发展》，沈语冰译，广西美术出版社2016年版。

49. [法] 塞尚：《塞尚艺术书简》，潘襎译，金城出版社2011年版。

50. [法] 左拉：《杰作：一部关于塞尚的小说》，冷杉、冷枞译，金城出版社2014年版。

51. 何政广主编：《世界名画家全集——塞尚》，（中国台湾）艺术家出版社2010年版。

52. [法] 安妮·迪斯泰尔：《雷诺阿》，闭朝莲、蔡莲莉译，北京美术摄影出版社2016年版。

53. [意] 西莫娜·巴托勒纳：《雷诺阿》， 王苏娜译，北京时代华文书局2015年版。

54. [意] 斯蒂芬尼·祖菲：《伦勃朗》，崔泽耘译，北京时代华文书局2015年版。

55. [法] 罗拉：《卢芹斋传》，卞婉钰译，中国文联出版社2015年版。

56. 日本大宝石出版社编著：《走遍全球：法国》，李梅译，中国旅游出版社2015年版。

57. [美] 玛丽莲·亚隆：《法国人如何发明爱情：九百年来的激情与罗曼史》，王晨译，上海文艺出版社2016年版。

58. 吕一民：《法国通史》，上海社会科学院出版社2016年版。

59. [英] 帕特里克·泰勒：《法国园林》，周玉鹏、刘玉群译，中国建筑工业出版社2004年版。

60. [法] 格雷戈里：《法兰克人史》，寿纪瑜、戚国淦译，商务印书馆

2011年版。

61. [法] 勒内·格鲁塞：《东方的文明》，常任侠、袁音译，商务印书馆2017年版。

62. [法] 弗朗索瓦兹·巴尔伯·嘎尔：《读懂印象派》，王文佳译，北京美术摄影出版社2016年版。

63. [英] 安妮·谢弗－克兰德尔、[美] 苏珊·伍德福德编著：《剑桥艺术史》，钱乘旦译，译林出版社2017年版。

64. [美] 布赖恩·埃利奥特：《建筑师解读本雅明》，金秋野译，中国建筑工业出版社2017年版。

65. [澳] 塞巴斯蒂安·斯密：《竞争的艺术》，程雪、董欣然译，江苏凤凰文艺出版社2017年版。

66. [法] 让－保尔·卡拉卡拉：《流浪巴黎的世界文豪》，黄雅琴译，海天出版社2016年版。

67. [法] 路易·费尔迪南·塞利纳：《茫茫黑夜漫游》，沈志明译，人民文学出版社2015年版。

68. [日] 平松洋：《美的反叛者：拉斐尔前派的世界》，谢玥译，百花洲文艺出版社2017年版。

69. [法] 米歇尔·维诺克：《美好年代：1900—1914年的法国社会》，姚历译，吉林出版集团·北京汉阅传播2017年版。

70. [瑞典] 奥维·洛夫格伦、乔纳森·弗雷克曼：《美好生活：中产阶级的生活史》，赵丙祥、罗杨等译，北京大学出版社2016年版。

71. 王庭玫编：《名画飨宴100：艺术中的窗景》，（中国台湾）艺术家出版社2011年版。

72. [英] 罗斯金等：《名家品名画》，项丽中、武静译，金城出版社2010年版。

73. [英] 戈弗雷·巴克：《名利场：1850年以来的艺术品市场》，马维达译，商务印书馆2014年版。

74. 方秀云：《母亲的肖像——推动艺术摇篮的手》，（中国台湾）新锐文创出版2016年版。

75. [法] 马塞尔·普鲁斯特：《那地方恍如梦境: 关于瞬间与永恒的艺术》，冷杉译，金城出版社2013年版。

76. [加] 珍妮丝·麦克里欧：《那一年，我在巴黎：跟海明威一起享受流动的餐宴》，孟令函译，（中国台湾）远流出版社2018年版。

77. [英] 马丁·坎普编：《牛津西方艺术史》，余君珉译，外语教学与研究出版社2009年版。

78. [法] 安妮·贝荷斯特、奥黛莉·狄旺、卡洛琳·狄：《如何当个巴黎女人：爱情、风格与坏习惯》，林师祺译，（中国台湾）平安文化出版社2015年版。

79. [法] 弗朗索瓦丝·芭布－高尔：《如何看一幅画Ⅰ》，郑柯译，中信出版社2014年版。

80. [法] 弗朗索瓦丝·芭布－高尔：《如何看一幅画Ⅱ》，郑柯译，中信出版社2015年版。

81. [俄] 娜塔利娅·布罗茨卡娅：《外国名家精读：印象主义和后印象主义》，刘乐、张晨译，人民美术出版社2014年版。

82. 马萧：《印象派的敌人》，清华大学出版社2017年版。

83. [法] 让－保尔·克雷斯佩勒：《印象派画家的日常生活》，杨杰、王奕、郭琳译，华东师范大学出版社2010年版。

84. 郑宝娟：《说法兰西的闲话——我看法国文化精神》，（中国台湾）九歌出版社2012年版。

85. [英] 格雷厄姆·罗布：《探索法国》，王梦达译，复旦大学出版社2016年版。

86. [法] 让-伊夫·塔迪耶：《未知的湖：普鲁斯特与弗洛伊德之间的秘密》，田庆生译，华东师范大学出版社2017年版。

87. [法] 伊旺·克卢拉：《文艺复兴时期卢瓦尔河谷的城堡》，肖红译，上海人民出版社2007年版。

88. [美] 伊丽莎白·伦迪：《无码：艺术大师的秘密生活》，王敏译，北京联合出版公司2016年版。

89. [美] 迈耶·夏皮罗：《现代艺术：19与20世纪》，沈语冰、何海译，江苏凤凰美术出版社2017年版。

90. [美] 罗伯特·休斯：《新艺术的震撼》，欧阳昱译，上海人民美术出版社1989年版。

91. [美] 菲利普·德·蒙特贝罗、[英] 马丁·盖福特：《艺术的对话》，马洁译，上海人民美术出版社2016年版。

92. [英] 贡布里奇：《艺术的故事》，范景中、杨成凯译，广西美术出版社2011年版。

93. [英] 西蒙·沙马：《艺术的力量》，陈玮、黄新萍、王炯奕、郑柯译，北京美术摄影出版社2015年版。

94. [英] 保罗·约翰逊：《艺术的历史》，黄中宪等译，上海人民出版社2008年版。

95. [英] 马丁·坎普：《艺术的足迹》，刘欣蕙译，四川人民出版社2017年版。

96. 方秀云：《艺术家和他们的女人》，（中国台湾）博雅书屋有限公司2016年版。

97. 王德育：《艺术史101：从印象派到超现实主义》，（中国台湾）活字文化出版社2016年版。

98. [德] 玛蒂娜·帕德贝格编：《艺术与建筑：巴黎》， 王兰军译，中国铁道出版社2011年版。

99. [法] 让－罗伯尔·皮特：《舌尖上的法国》，李健译，中国人民大学出版社2015年版。

100. [法] 奥利维耶·马尼：《画一个巴黎人》，郭亚平译，（中国台湾）麦浩斯出版社2014年版。

101. 娜塔莉·达林库尔：《居斯塔夫·莫罗：艺术家与博物馆》，（中国台湾）艺术家出版社2014年版。

102. [美] 杰克·弗莱姆：《马蒂斯与毕加索：画坛双擘的对抗与友谊》，程文华、陈松松 、段友国译，上海交通大学出版社2014年版。

103. [德] 维多利亚·查尔斯、[俄] 安纳托里·颇多克西克：《外国名家精读：巴勃罗·毕加索》，赵晖译，人民美术出版社2016年版。

104. 张志雄：《阿姆斯特丹之光》，四川人民出版社2022年版。

105. 张志雄：《爱在阿西西》，上海社会科学出版社2022年版。

106. 张志雄：《冬日西西里》，上海社会科学出版社2023年版。

107. 张志雄：《激情那不勒斯》，上海社会科学出版社2023年版。

108. 张志雄：《京都味道》，九州出版社2020年版。

109. 张志雄：《游走在时空边缘：我的环球文化之旅》，当代世界出版社2005年版。

110. Geoffroy Deffrennes, Véra Dupuis(2013), *Méert: Une histoire de gourmandise*, Paris: Éditions du Chêne.

111. Pierre Clarac, André Ferré(1965), *Album Proust*, Paris: Bibliothèque de la Pleiade.

112. Raphaelle Zennaro(2017), *The Musée de Cluny and Its Collections*, Paris: Connaissance des Arts.

113. Isabelle Bradiès-Fronty(2015), *Musée de Cluny: A Guide*, Paris: Editions de la Réunion des musées nationaux.

114. Peter Cooke(2017), *Gustave Moreau: history paintings, spirituality and symbolism*, New Haven: Yale University Press.

115. Pierre-Louis Mathieu(2016), *Gustave Moreau: The Assembler of Dreams*, Paris: ACR Edition.

116. Emilie Bouvard(2016), *Masterpieces of the Musée National Picasso-Paris*, Paris: Éditions Artlys.

117. Sylvie Legrand-Rossi(2009), *The Nissim de Camondo Museum*, Paris: Les Arts Décoratifs.

118. Jerome Coignard(2010), *The Musée Jacquemart-André* , Paris: Connaissance des Arts.

119. Valérie Bougault and Myriam Boutoulle(2006), *Musée des Arts décoratifs*, Paris: Connaissance des Arts.

120. Giovanna Magi(1999), *Paris: Discovering the World's Most Beautiful City*,

Florence: Casa Editrice Bonechi.

121. Edited by Catherine Chevillot and Aline Magnien(2017), *Guide to the Musée Rodin Collections*, Paris: Éditions du Musée Rodin.

122. Pierre Baptiste(2016), *Musée des Arts Asiatiques Guimet*, Paris: Éditions Artlys.

123. Michael J. Curley(2009), *Physiologus: A Medieval Book of Nature Lore*, Chicago: University of Chicago Press.

124. Saint-Simon(1953), *The Memoirs*, Paris: Éditions Gallimard.

125. Edmond de Goncourt(2011), *La Maison D'Un Artiste*, Paris: G. Charpentier.